ちくま新書

国連安保理とウ

小林義久
Kobayashi Yoshihisa

1664

国連安保理とウクライナ侵攻【目次】

第 一 章

壊された国連

安保理で行われた、ウクライナに侵攻したロシアに対する非難決議採決の様子。

（2022年2月25日、ニューヨーク国連本部、Lev Radin／Pacific Press via ZUMA Press Wire／共同通信イメージズ）

1 安保理緊急会合

†拒否権発動

二〇二二年二月二五日、米ニューヨークの国連本部の国連安全保障理事会では、米国が提出した決議案が採決にかけられようとしていた。前日にウクライナ北部からなだれこんだロシア軍は首都キーウ（キエフ）まで三〇キロあまりに迫っていた。欧米メディアは、一両日中にもキーウが陥落、ウォロディミル・ゼレンスキー政権が崩壊する恐れがあると伝えていた。

決議案は、ロシアの行動は国連憲章や国際法違反だと非難し、ウクライナからの即時撤兵を求める内容だった。国連の最高意思決定機関である安保理はP5（＝Permanent members 5）と呼ばれる米、英、フランス、中国、ロシアの常任理事国五カ国と、任期二年の非常任理事国一〇カ国の計一五カ国で構成される。決議の採択には九カ国以上の賛成が必要で、P5のうち一カ国でも反対すると否決される。このことをもって「P5は拒否権を持っている」といわれる。

ロシアの反対は予想されていた。しかしほかの一四カ国が賛成すれば、国際社会の総意としてロシアを孤立に追い込める。それがジョー・バイデン米政権の狙いだった。

採決にあたり、米国のリンダ・トーマス＝グリーンフィールド国連大使はロシアの行動を非難したうえで、「われわれはそっぽをむいてはいけない。中立の道はないのだ」と、決議案に賛成票を投じるよう求めた。ロシアのワシリー・ネベンジャ国連大使は「（米国などは）ウクライナの真の状況について話を作り出そうとしている」と反論。これに対し、当事国として会合に出席していたウクライナのセルヒー・キスリツァ国連大使は、この協議の最中にもロシアはウクライナを爆撃し、国境を越えて軍部隊を送り込んでいるのだと指摘し、「ロシア大使はこれまでに何度も侵攻はしないと言ってきた。それなのに今起きていることは何なのだ。何を信じればいいのだ」と語気を強めた。英国やフランスの国連大使も決議案に賛成を呼びかけた。

しかし、結果は賛成一一、反対一（ロシア）、棄権三で否決された。

棄権したのは中国、インド、アラブ首長国連邦で、いずれもいたずらに非難するより、

賛成	アメリカ★、イギリス★、フランス★、アルバニア、ブラジル、ガボン、ガーナ、アイルランド、ケニア、メキシコ、ノルウェー
反対	ロシア★
棄権	中国★、インド、アラブ首長国連邦

★は常任理事国

2月25日に行われた安保理決議の賛否・棄権

対話の道を探るべきだと主張した。中国の張軍国連大使は「ウクライナ危機は一夜のうちに起きたものでない」と強調。欧州に依然残る東西冷戦構造が原因であり、外交により解決に努めるべきだと述べた。「非難より外交を重視せよ」というのは、北朝鮮の核問題やシリア内戦で制裁強化を回避しようとする中国やロシアが使う常套語句だ。

採決後、トーマス゠グリーンフィールドはロシアに向け「あなたはこの決議案を拒否権で葬ったが、われわれの声、真実、原則、ウクライナの人々、国連憲章には拒否権を行使できないのだ」と高らかに訴えたが、負け惜しみにすぎない。採択されない決議は一片の反古《ほご》でしかない。

†二〇二二年二月二一日〜の動き

二月下旬から、安保理では緊迫の度を増したウクライナ問題が連日のように討議されていた。

二一日には、ロシアのウラジーミル・プーチン大統領がウクライナ東部の親ロシア派の独立を承認する大統領令に署名したことを受けて、会合が行われた。ここでトーマス＝グリーンフィールドが、親ロ派承認は「プーチンのウクライナ侵攻への口実づくりだ」と述べるなど、各国から非難の声が相次いだ。これに対しネベンジャは「ロシアに対する非常に感情的な発言や断定的な評価ばかりで、状況を悪くするばかりだ」と反論した。キスリツァは「ロシアは戦争をもたらすウイルスだ。国連はクレムリンにより広げられたウイルスで病気にかかっている」と指摘。協調行動がとれない国連を暗に批判した。

しかし事態は急変した。二三日にはプーチンが独立を承認した親ロ派がロシアに軍事支援を要請したことを受け、ウクライナのドミトロ・クレバ外相が安保理議長に緊急会合の開催を求め、同日夜に会合が始まった。冒頭、国連のアントニオ・グテレス事務総長がプーチンに「ウクライナ攻撃をやめてほしい」と呼びかけた。その最中に、ロシアの軍事侵攻のニュースが入る。あちこちで悲痛な表情が見られるなか、キスリツァがネベンジャに何が起きているのか説明が必要だと詰め寄った。「スマートフォンを持っているだろう。モスクワに電話してくれ」と迫ると、ネベンジャが「今の時点で知っていることはすべて話している」と答え、外務大臣を起こすつもりはないと気色ばむ場面もあった。

この会合で、トーマス＝グリーンフィールドは二五日に否決されることになる、ウクライナからの即時撤兵を求める決議案を提出する方針を表明していた。

†揺らぐ国際秩序

安保理決議は国連で唯一、法的拘束力を持つ。これを採択できるのが安保理の力の源泉といえる。総会、人権理事会、経済社会理事会など多くの国連機関が決議を採択できるが、国連憲章上、加盟国に履行の義務を負わせることができるのは安保理だけだ。

もちろん拘束力を有する国際条約を制定し、各国に署名・批准してもらい、発効させることができれば、その条約に各国は従わねばならない。しかし条約を作るには長い時間がかかる。戦争が起きた場合にただちに停戦を求めたり、市民への非人道的な攻撃をやめさせたりすることが可能なのは、安保理による決議だけなのだ。

第二章で詳述するが、国連はそもそも加盟国による集団安全保障を目指す国際組織だった。このため、侵略行為をやめさせるために経済制裁や武力制裁を発動できる権限を安保理に与えたのだ。東西冷戦で国連軍創設の理想は消え去ったが、冷戦後に安保理が動き始めると、侵略行為や秘密裏の核開発が認定された国家に経済制裁を科し、存在感を発揮したこともあった。

予想されたこととはいえ、ロシアの拒否権行使によりウクライナで安保理が動ける見通しは立たなくなった。米ソ対立で機能不全に陥った東西冷戦時と同じ構造だ。しかし今回は状況が異なる。P5の一国が確信的に侵略戦争を起こしたのだ。第二次世界大戦後、世界を支えてきた国際秩序が根幹から揺らぐことになった。

ソ連の崩壊で東西冷戦が終了し、米の一極支配ともいえる時期を経て、世界はこの一〇年、中ロが米国に対決的な姿勢を取る「新冷戦」と呼ばれる時代に入っていた。しかしこの間も国連や安保理は存在し続け、機能不全に陥ることがしばしばあったとはいえ、国際平和の問題に関与してきた。一九四五年に五一カ国で創設された国連加盟国は現在一九三に達している。独立した国はおしなべて国連加盟を求める。それは国連に入ることが国際社会の一員となることを意味しているからだ。

トーマス＝グリーンフィールドは安保理決議の否決を受けて「ロシアは国連と国際秩序を壊すつもりなのだ」と嘆いたが、たしかにロシアのウクライナ侵攻により国連の根幹部分は事実上、壊されたといってよいだろう。

†茶番と化した安保理

安保理でロシアのウクライナ侵攻を押しとどめようとする決議案は、ロシアの拒否権発動により葬られた。安保理は機能不全に陥った。しかしこの安保理は、まもなく茶番劇の舞台となる。主役はロシアで、相手役に選ばれたのは米国である。

三月一一日、ロシアの要請で開かれた安保理会合。ロシアのネベンジャ国連大使は「ウクライナには少なくとも三〇の生物兵器の研究施設があり、米国防総省（ペンタゴン）の支援のもとで運営され、非常に危険な実験が行われている」と指摘した。生物兵器とは細菌やウイルスなどを用い、人や家畜、農産物に損害を与えることを狙った兵器である。核兵器や化学兵器とともに大量破壊兵器の一つだ。日本でも旧日本軍が研究、実戦使用したことがあり、七三一部隊が中国東北部で捕虜などに行った人体実験については森村誠一のベストセラー『悪魔の飽食』で知られるようになった。国際的には生物兵器禁止条約で開発、生産、貯蔵が禁止されており、ロシアとウクライナも加盟している。

ウクライナが大量破壊兵器を開発、保有していれば、侵攻を正当化する理由にもなりうる。米国のトーマス＝グリーンフィールド国連大使はロシアの主張を全否定し、ロシアがウクライナで自らの化学兵器や生物兵器を使用し、その責任をウクライナに押しつける「偽旗作戦」の一環として安保理を利用するつもりなのだと非難した。国連で軍縮部門を率いる中満泉事務次長（軍縮担当上級代表）も「ウクライナでのいかなる生物兵器の計画も知らない」と述べ、トーマス＝グリーンフィールドの主張を裏付けた。ロシアが証拠もないのに生物兵器開発計画を言い立てることへの疑問の声も相次いだ。

英国のバーバラ・ウッドワード国連大使はロシアの言い分を「まったくナンセンス」とし、フランスのニコラ・ドリビエール国連大使も、ロシアが二〇二〇年に反体制派アレクセイ・ナワリヌイに対し化学兵器の一種の神経剤で毒殺を図ったりした例を取り上げ、ロシアこそ化学・生物兵器を用いてきた歴史があると述べた。

†安保理はプロパガンダを広げる場

しかし、一週間後の三月一八日に、ロシアは再び会合の招集を求めた。

ネベンジャはウクライナが米国の支援で生物兵器を開発しているとの証拠を入手したとし、その証拠とする六九ページからなる文書を示した。文書によると、米国とウクライナは二〇〇五年、ウクライナでの生物兵器の研究開発を行うことで合意した。米当局は三二〇〇万ドル（約四二億円）の資金を提供し、首都キーウやリビウ、ハリコフなどで炭疽菌《たんそきん》などの研究を行っているとした。炭疽菌は極めて毒性が高く、第二次世界大戦後、生物兵器として各国が研究に乗り出し、二〇〇一年九月の米中枢同時テロ直後には米政府機関などに郵送されるテロも起き、死者も出ている。

ネベンジャは「ロシア国防省にはどんどん証拠が届いており、分析中だ」とも強調。国連が否定的な見解を示していることについては、研究は秘密裏に行われており、国連に情報が伝わっていないのだと述べた。

トーマス＝グリーンフィールドは「奇妙な陰謀論は前にも聞かせてもらっている」と皮肉交じりに反論し、改めてそのような研究所はどこにもないと強調した。一九九〇年代にソ連の大量破壊兵器の廃棄計画で米国がウクライナに協力しており、生物学的な脅威に対処する研究所はあるが、すべて公開されているとした。むしろ「ロシアこそがウクライナの人々に対して化学兵器や生物兵器の使用を計画しているのではないか」と指摘した。

この会合に先立っては、米英仏、アルバニア、アイルランド、ノルウェーの六カ国が、ロシアは安保理を、偽情報を正しいものに見せかけたり、侵攻を正当化するためのプロパガンダを広げるために利用していると非難する声明を発表した。一方で、中国の張軍国連大使は、ロシアが新たな証拠を示したとして「関係者は回答すべきだ」とロシアの主張に理解を示した。米はただちに中国がロシアとともに偽情報を拡散していると批判したが、張は反発し、ロシアの言い分にきちんと対処せよと述べた。

†拒否権制限の議論

あるかどうかもわからない大量破壊兵器開発の「証拠」と称するものを並べ、開発したとする国への軍事進攻を正当化する。どこかで聞いた話ではないだろうか。

イラク戦争開戦前の二〇〇三年、米国のコリン・パウエル国務長官が、イラクのサダム・フセイン政権が核兵器や生物兵器を開発している証拠だとして、傍受した通信の会話内容や文書などを安保理で公開し、糾弾したことがある。この時、ロシアはフランス、ドイツなどとともに、米国が提示した主張は状況証拠ばかりで決定的でないと指摘。国連によるイラク査察を続けるべきだと主張したが、最終的に米英は安保理を無視する形で開戦に踏み切った。コフィー・アナン国連事務総長は深い失望を隠さず、退任後も米国批判を続けた。この時パウエルが示した情報はほとんどが誤情報だったとのちに明らかになり、パウエルは悔やむことになる。

この時、米英の行動を止められなかった国連は存在意義を問われることになり、結果的にうまくいかなかったものの、安保理改革の議論につながった。それまで米欧に協調的だった中ロが対決姿勢をとるようになるきっかけともなった。

しかし、当時の米国を率いていたのは国際問題に自国の力のみで対処しようとする単独行動主義をとったジョージ・W・ブッシュ政権である。国際協調を重視するバイデン政権は、ウクライナ侵攻後の安保理でのロシアの行動に危機感を強めた。

まずは安保理の権威を回復せねばならない。機能不全に陥った最大の要因は、P5の持つ特権である拒否権である。この拒否権を制限する必要があるとの議論は、二〇一一年に起きたシリア内戦をめぐる安保理協議で、ロシアが拒否権を繰り返し行使した頃から盛んになっていた。

拒否権を巡る議論については第五章で詳述するが、リヒテンシュタインが数年前から準備していた総会決議案が、米英、フランスに加え、日本やドイツなど八三カ国が共同提案国となって四月一三日に提出された。常任理事国が拒否権を行使した場合、総会会合を開き理由の説明を求める内容だ。拒否権制度自体を変えるものではないが、行使する場合に説明責任を伴わせることで、拒否権の濫用防止につなげる狙いがある。総会は同月二六日、議場の総意として決議を採択した。ロシアの代表は「拒否権は国連の礎石だ」と反発し、総意には加わらないと表明した。

†平和のための結集会議

安保理がP5の拒否権で動けなくなった場合、国連は何もできないのか。大国が小国を侵略しているのを、手をこまねいて見ているだけでよいのか。

安保理が機能不全になった場合にどう対応すべきか、国連の憲法ともいえる国連憲章に明確な規定はない。しかし東西冷戦時に対策が考え出されていた。国連総会で緊急会合を開き、決議案を採択するという手段だ。

話は一九五〇年の朝鮮戦争時にさかのぼる。

朝鮮戦争勃発時、ソ連（現ロシア）は国連における中国の代表権の扱いに抗議して安保理をボイコットしていた。当時、中国の代表権を持っていたのは台湾（中華民国）である。一九四九年に中華人民共和国が成立し、国連に加盟を申請するが、認められなかった。台湾、中華人民共和国がともに「一つの中国」を主張し、相手の加盟を認めない立場だったうえに、当時の国連加盟国は約六〇カ国で欧州と中南米の国が多く、米国の影響力が強かった。このため、新たな社会主義国の加盟を認めるのは事実上、不可能だったのだ。ソ連が抗議していたのもそのためだった。

ソ連が欠席していたため安保理はただちに北朝鮮を非難し、北緯三八度線以北への撤退を求める決議を採択し、米国主導の国連軍を派遣した。米国の思いどおりになったのである。しかし不利を悟ったソ連は安保理に戻ってきた。次は拒否権行使が予想される。そこで米国は安保理が拒否権で動けなくなった場合、国連総会で緊急会合を開催できるとの提案を安保理に持ち込み、実現させる。安保理が決議で総会に招集を呼びかけることもできるし、加盟国の要請でも開けるとした。決議を採決する場合は理事国九ヵ国の賛成が必要だが、本質的な事項ではなく、議事手続きに関する内容のため拒否権は行使できないとした。

この緊急会合は「平和のための結集会議」と呼ばれる。国連総会には国連の一九三の全加盟国が参加する。国会と同じように会期があり、毎年九月に開幕、翌年九月に閉幕するのが通例だ。開幕時に各国の首脳がニューヨークの国連本部に集まって数日間にわたり順次演説を行う一般討論演説には米大統領や日本の首相も出席するため、ニュースで取り上げられることも多い。総会は世界の平和と安全、軍縮、人権、経済・社会、国連の予算などすべての問題を議論することが可能だ。決議には安保理のような法的拘束力はないが、採択されれば国際社会の総意としての意味を持つ。ここで非難されたり、改善を要請されても無視することもできる。

この「平和のための結集会議」が最初に開かれたのは、一九五六年のスエズ動乱（第二次中東戦争）の時だ。スエズ運河国有化を宣言したエジプトと、英仏イスラエルの戦争だったが、英仏の拒否権行使で安保理は動けず、米国主導で総会の特別会合が開かれた。ただちに即時停戦を求める決議が採択され、停戦につながった。この後、同年のハンガリー動乱、一九七九年のソ連のアフガニスタン軍事介入の際などに九回開かれたが、うち八回は冷戦期だ。第一〇回はパレスチナ情勢を巡る会合で、一九九七年に行われている。

†国連総会における三回の決議

ウクライナ侵攻でもこの手段がとられることになった。安保理は二月二七日、総会にウクライナ問題での緊急会合開催を求める決議を採択した。ロシアが反対、中国など三カ国が棄権。こうして同二八日から、一一回目となる国連総会の緊急特別会合が開かれた。

会合では各国が演説した後、三月二日にロシアの行動を非難し、ウクライナからの即時

国連本部で行われた緊急特別会合で演説する、ウクライナのキスリツァ国連大使。(2022年3月2日、John Lamparski／NurPhoto／共同通信イメージズ)

撤兵を求める決議案が採決にかけられた。一四一カ国が賛成、ロシア、ベラルーシ、シリア、北朝鮮、エリトリアが反対し、三五カ国が棄権した。前述したとおり、法的拘束力はない。ロシアのネベンジャ国連大使は「この文書ではわれわれに軍事活動を終結させることはできない」とうそぶいた。

この結果を受けて、深刻化するウクライナの人道状況を巡る決議案の協議も総会に移った。フランスは人道支援実施のため攻撃停止を求める決議案を安保理に提出する構えだったが、ロシアが拒否権を持つ以上、採択は不透明だとしてメキシコなどとともに総会への提出に切り替えた。日米も含めた九〇カ国が共同提案した。

総会は三月二四日の緊急特別会合でこの決議案を採決し、一四〇カ国の賛成で採択した。ロシアなど五カ国が反対、中国やインド、南アフリカなど三八カ国が棄権した。ロシアに一般市民や住宅、学校、病院への攻撃をただちに停止するよう求め「攻撃による悲惨な人道的結末」を激しく非難した。ロシアによる包囲攻撃が続いていた南東部マリウポリを挙げて、市民の安全な退避に向け包囲を解くよう要求した。

トーマス＝グリーンフィールド米国連大使は「この一カ月、ロシアは世界で最速で人道上の大惨事をもたらした」と非難。韓国の趙顕国連大使はウクライナの子どもたちが一九五〇年代の朝鮮戦争と同じような惨禍に遭っていると指摘し、「二〇世紀の子どもと同じような目に遭わせるのを止めるのは国連の緊急の責任だ」と述べた。

国連総会ではさらに決議提出が続いた。キーウ近郊などでロシアによる一般市民への残虐行為が明らかになるなか、米国が国連人権理事会におけるロシアのメンバー資格の停止を求める決議案を提出したのだ。強制的な措置を伴った初の決議となった。決議案は四月七日に日米英など九三カ国の賛成で採択されたが、ロシアや中国、北朝鮮など二四カ国が反対、インド、ブラジルなど五八カ国が棄権した。中国の張軍国連大使は「こうした早急なやり方は加盟国にどちらの側につくかを迫り、加盟国間の分断を深刻化させ、対立をひ

		賛成	反対	棄権
3月2日	ロシア非難決議	141	5	35
3月24日	ウクライナ人道改善決議	140	5	38
4月7日	ロシア人権理追放決議	93	24	58

国連総会における対ロシア決議の投票

どくする。火に油を注ぐようなものだ」と批判した。採択後、ロシアは自ら脱退を表明した。

†減り続ける賛成票

三回の総会決議を通してロシアは追い込まれたようにもみえる。しかし次第に賛成票が減り、反対、棄権票が増えたのに気づいただろうか。張が指摘したように反対、棄権した国からは「時期尚早だ」とか「人権問題を政治問題化すべきではない」との声が相次ぎ、三回目の決議では賛成は全加盟国（一九三）の半数にも満たなかった。ロシアと中国がアジア、アフリカなどの関係の深い国に圧力をかけていたためといわれるが、それだけでは説明がつかない。ロシアのみを悪いとする欧米の主張に、全面的に頷けない国も少なくないのだ。

国連は今回のロシアのウクライナ侵攻で壊されたのではなく、徐々に壊されていたのがとどめを刺されたのだ。それを米欧はロシアへの制裁で改めて思い知らされることになる。強力な措置をとったが、さほどの効果を上げていないのだ。欧州諸国でさえ結束しているとはいいがたい。次節以降でみていきたい。

†本書の視点

ここで、本書の見取り図を簡単に説明しよう。第二次大戦後につくられた国連を中心とした国際秩序はどのようなもので、どのように成立し、これまでどのように変わってきたのか。そしてウクライナ侵攻を受けてどうなっていくのかを分析するのが、この本のテーマである。

第一章ではウクライナ侵攻後の国連安保理を中心とした動きと、安保理が早々と機能不全に陥ったため、欧米が協調してロシアに科した経済制裁がロシアを押しとどめられるのかどうかをみたい。ロシアによる一般市民殺害などの戦争犯罪や非人道兵器の使用についても触れる。さらに停戦は実現できるのか、その条件についても取り上げる。

第二章では、第二次世界大戦後に国連が創設された経緯を振り返り、安保理を中心に戦後の世界秩序とは何なのかを考える。東西冷戦下での安保理の動きについてみるとともに、欧州で今も続く冷戦構造がウクライナ侵攻の遠因になっていることも分析していく。

第三章では冷戦終結後の国連について取り上げる。米の一極支配がいわれたなかで中国が台頭し、安保理では当初、ロシアとともに欧米と協調姿勢を取った。しかし、イラク戦争での米国のふるまいなどをきっかけに対決姿勢に転じ、新冷戦といわれる時代に突入していく。

戦後の世界秩序について論じる場合、無視できないのが核兵器の問題である。第四章では、なぜP5だけが核兵器を持つことを国際的に認められたのか、なぜ核軍縮は進まないのかを、核兵器禁止条約制定も含めて解き明かしたい。

第五章では今後の国連がどうなるのかをみていく。まずは、第一次世界大戦後に鳴り物入りで創設された国際連盟がなぜ失敗したのかを検討する。第二次世界大戦後に創設された国連も、P5の拒否権行使により安保理がたびたび機能不全に陥り、現在のウクライナ侵攻でもそれは繰り返されている。改革の試みがあったが失敗した事情、P5の拒否権を巡る議論についても紹介する。国連再生のきっかけはどこにあるのか考えたい。

さらに、ウクライナ侵攻は中国による台湾統一の引き金を引くのではないかと指摘されている。最後の第六章では、果たして台湾侵攻は起きるのか、米国は介入するのかを検討する。そのとき安保理は動けるのか、日本はどう対処すべきなのかも含め、論じたい。

2014年	2月	親ロ派ヤヌコビッチ政権が崩壊
2014年	3月	露プーチン大統領がクリミア併合を宣言
2021年	12月	ロシア、NATO東方不拡大を保証する米ロ2国間条約案を公表
2022年	1月26日	米、ロシアのNATO東方不拡大要求などに文書回答
	2月21日	プーチン大統領がウクライナの二つの地域を独立国家として承認
	2月22日	米バイデン大統領、ロシアへの経済制裁を発表
	2月23日	ウクライナ・クレバ外相が安保理緊急会合開催を要請
	2月24日	プーチン大統領、軍事作戦決行を発表。チェルノブイリ原発を占拠
	2月25日	**国連安保理、ロシア非難決議案を否決。ロシアが拒否権行使**
	2月26日	米・EUがSWIFTからロシア排除を表明
	2月27日	プーチン大統領が核戦力を「特別態勢」に移す命令
	2月28日	1回目の停戦交渉。ウクライナ、EU加盟を申請
	3月2日	**国連総会で緊急特別会合。ロシア非難決議を採択**
	3月3日	2回目の停戦交渉
	3月4日	ロシア軍がザポロジエ原発を攻撃
		国連人権理事会、国際調査委員会の設置を決議
	3月10日	グテレス国連事務総長、国連総会で加盟国の団結を求める演説
	3月12日	ロシア7銀行をSWIFTから排除
	3月21日	ロシア外務省、日本との平和条約締結にむけた交渉はしないと声明発表
	3月23日	ゼレンスキー大統領、日本の国会でオンライン演説
	3月29日	トルコにて停戦交渉
	4月2日	キーウ近郊ブチャで、ウクライナ住民とみられる遺体が多数発見される
	4月5日	安保理会合でゼレンスキー大統領が演説
	4月7日	**国連総会にて、国連人権理事会におけるロシアの資格停止を決議**
	4月20日	ウクライナを離れた避難民が500万人を超える（UNHCR発表）
	4月26日	グテレス国連事務総長、プーチン大統領と会談
	4月28日	グテレス国連事務総長、ゼレンスキー大統領と会談。共同会見直後にキーウが攻撃される
	5月6日	安保理「ウクライナの平和と安全の維持に関して深い懸念を表明する」議長声明案を全会一致で採択

ウクライナ侵攻と国連の動き（2022年5月初旬まで）

2 経済制裁の限界

†制裁外交の開始

第二章で詳述するが、国連憲章では、国連安全保障理事会の決定により経済制裁と武力制裁を行うことができると定めている。ただし、決定にはP5を含めた九ヵ国の賛成が必要だ。ロシアがウクライナに侵略行為を行っても、ロシアが拒否権を持つ限り、安保理では経済制裁などの強制措置がとれないことは自明だった。しかしロシアに比べれば、ウクライナは経済的も軍事的にも小国である。放置しておけばウクライナがロシアに飲み込まれてしまうのは時間の問題だ。

北大西洋条約機構（NATO）諸国は、米英を中心に相次いでウクライナへの兵器供与に乗り出した。そもそもロシアは、NATOの東方拡大に反発してウクライナに侵攻したのだ。ウクライナ侵攻に成功すれば次は旧ソ連圏のモルドバや東欧バルト三国を視野に入れているとも噂されており、自らに迫る戦争だといっても間違いではなかった。

米国はロシアに強力な経済制裁を科すべく英国、欧州連合（ＥＵ）諸国と協議を始める。米英仏は安保理の五常任理事国（Ｐ５）のうち原加盟国のＰ３として強い影響力を保有している。中国は一九七一年に台湾（中華民国）が国連から追放された際に代表権を得て、常任理に加わった。ロシアは一九九一年のソ連崩壊後に常任理の議席を引き継いだ。今回はＰ３が結束してロシアに対決姿勢をとる形になった。

†アメリカによる金融制裁発表

さかのぼって二〇二二年二月二一日、ロシアのプーチン大統領がウクライナの二つの地域を独立国家として承認すると、バイデン米大統領が翌日にはホワイトハウスで演説した。制裁措置の第一弾の発表だった。

バイデンは二地域の独立国家承認を「ウクライナ侵攻の開始」と指摘し、ロシアに制裁を科すと宣言した。まずはロシアの開発対外経済銀行（ＶＥＢ）と軍事関連の銀行を対象にした金融制裁を実施、ロシア政府や政府関係機関が発行するソブリン債への包括的な制裁も行い、「ロシアを西側金融から切り離し、西側から資金調達できないようにする」と強調した。さらにロシアのエリートやその家族は「クレムリンの政治から腐敗した利益を得ており、痛みを与えるべき」であり、制裁対象にするとした。またロシアがさらに侵略を進めれば、追加制裁を行うと警告した。米政府内には二〇一四年にロシアがクリミア半島を強制編入した際に実施した制裁が十分ではないとの反省があったという。

経済制裁の目的は、その国の戦争を継続する能力を奪うことだ。具体的には戦争遂行に関係する「モノ・カネ・ヒト」の流れを遮断する。まず行われるのは兵器や兵器材料などの物資の輸出の禁止や制限だ。しかしロシアは兵器輸出大国なのでこれはあまり意味がない。次に、金融機関が外国で米ドルや英ポンドでの取引をできないようにしたり、資金調達を制限したりする。これがいわゆる金融制裁だ。世界の基軸通貨ドルを握っている米国だからできる制裁ともいえる。現在も国際的な決済の四割は米ドルで行われているのだ。これが今回の対ロ制裁でもっとも有効だと考えられていた。さらに政府要人や軍の幹部、軍需産業の幹部らに渡航禁止や外国での資産を凍結し、懲罰を与える。

これで効かない場合はその国の経済を直接揺さぶる手段をとる。戦略物資である原油や鉱産物などの禁輸措置だ。第二次世界大戦前、日本は米国から石油の禁輸措置を受け、これでは息の根が止まると逆に暴発した。ロシアの場合は資源大国であり、石油や石炭、天然ガスの輸出が経済を支えていることから、これらの輸入を禁止し経済的に打撃を与えるという方法になる。

†国際決済網SWIFTからの排除

バイデン演説に対し、ロシア外務省は「非生産的」だと強く反発し、二四日にはウクライナに侵攻した。米は二五日、プーチン大統領とセルゲイ・ラブロフ外相、セルゲイ・ショイグ国防相やワレリー・ゲラシモフ軍参謀総長らに資産凍結などの制裁を科すと発表した。国家元首が制裁対象に指定されるのは異例で、プーチンは北朝鮮の金正恩朝鮮労働党総書記やシリアのバッシャール・アサド大統領ら独裁者と同列に扱われることになった。

しかし、米国はこれらの制裁でロシアが音を上げるとは思っていなかった。切り札として検討されていたのは国際銀行間通信協会（SWIFT）からのロシアの締め出しである。

SWIFTとは国際送金や決済の国際決済ネットワークだ。銀行で海外送金をした際に、相手方の銀行の名前や相手の口座番号だけでなく、SWIFTコードというのを記入した記憶はないだろうか。世界の大半の銀行はSWIFTに入っており、SWIFTコードを割り振られている。SWIFTがあるから海外送金が容易にできるのだ。このネットワークからはじかれると、決済が滞り、貿易が遅れ、経済に深刻なダメージを与えられる。ロシアの輸出の半分程度は基幹産業のエネルギー関係で、SWIFTはその決済でも使われている。ロイター通信によると、ロシアは二〇一五年からSWIFTの理事会メンバーで、約三〇〇の金融機関がSWIFTを使っており、締め出される銀行が多ければ多いほどロシア経済への打撃となる。

SWIFTの排除でロシアにダメージを与えるには、EUの参加が絶対に欠かせない。ロシアの輸出先の四割以上はEU諸国で、SWIFTでの決済が多いためだ。

SWIFT排除についてはロシアから天然ガスを輸入するドイツが難色を示したが、最終的には排除対象の銀行を絞るとの条件付きで容認する。二月二六日にアメリカやEUが合意、三月一二日に実施され、フランスのブルーノ・ルメール財務相が「金融の核兵器」だとする強力な制裁措置が大国相手に発動された初の例となった。

†デフォルトに至らず

とはいえ完全な排除に至らなかったこともあり、米財務省は二月二八日、ロシア中央銀行との取引禁止措置に乗り出した。米国内の資産も事実上凍結するとした。外貨を使ったロシア通貨ルーブルの買い支えを妨げようという狙いだ。ロシア中銀が海外に保有する資産は数千億ドル（数十兆円）という。EU、日本も協調する方針を示した。

欧米にはこれらの制裁でロシアをデフォルト（債務不履行）に追い込めるとの見通しがあった。国を破産させ、プーチン政権を窮地に立たせ、戦争から手を引かせる目論見だ。

たしかに米欧主導の対ロ制裁は発動当初、劇的な効果を示した。ロシアの通貨ルーブルは対ドルで急落し、二八日の外国為替市場で一時一ドル＝一一〇ルーブル前後をつけ、過去最安値となった。株式市場も混乱する。ロシアのモスクワ取引所は二四日、一時取引停止後、急落した。大規模な経済制裁の影響だった。代表的な株価指数ＲＴＳは前営業日の二二日比で一時五〇％超下落、取引は翌日から停止される。

株式市場が事実上、閉鎖され、通貨安が続けばどうなるか。さらに、制裁で欧米の金融機関からの資金調達は無理だ。ロシアは信用危機に陥り、デフォルトも時間の問題だと指摘されるようになった。

しかしロシアはデフォルトには陥らず、ウクライナでの軍事作戦は続いた。金融制裁だけでは不十分なのは明らかだった。バイデン政権は三月八日、ロシア産原油や液化天然ガス（ＬＮＧ）、石炭の輸入禁止措置を発表した。ロシアは世界三位の原油生産国、二位の天然ガス生産国（ともに二〇二〇年）だ。ついに戦略物資への制裁に踏み切ったのだ。

しかし、米国の原油、原油製品輸入のうちロシア産は一〇％に満たない。ロシアの天然ガスや石油を大量に輸入している欧州が実施しないとあまり意味がない。英国こそロシア産の石油と石油製品の輸入を二〇二二年末までに段階的になくすとしたものの、EU欧州委員会は二〇三〇年までにロシアへのエネルギー依存からの脱却への対策をとると発表するにとどまった。もちろんこれでは即効性はない。

†エネルギー依存の罠

ロシアはドル建て国債の利払いを続けていた。三月三一日には、四月四日に償還期限を迎えるドル建て国債のうち七割をルーブルで買い戻したと表明。五月四日が期限だった計六億四九二〇万ドル（約八四五億円）の国債と利子も支払った。

ロシアはこれを保有資金で支払ったと推定される。ロシアは二〇一四年にウクライナ南部クリミアを強制編入後に欧米から経済制裁を科され、その後、外貨や金の保有を増やしてきた。ウクライナ侵攻前の保有額は、二〇一五年の約一・七倍に当たる六三〇〇億ドル（約八二兆円）。ドル決済から排除されても耐えられるよう外貨保有のドル比率も下げており、英BBCによると五年前の四〇％に対して現在は約一六％で、一方、中国元の比率が一三％になっているという。

英誌『エコノミスト』によると、デフォルトの危機が遠のくとともにルーブルの対ドル相場も戻し、四月下旬にはほとんど侵攻前と変わらなくなった。株式市場も三月二四日、部分的とはいえ約一カ月ぶりに再開。その後、順調に値を戻している。

欧米諸国が満を持して発動した制裁が十分に効いていないのは明らかだった。にもかかわらず、米が三月八日に対ロ石油禁輸に踏み切った際、EUは連携して強い姿勢を示せなかった。これはなぜか。

大きな原因とされるのが、欧州諸国が冷戦後、ロシアから天然ガスや原油の輸入を増やし、ロシアによるエネルギー依存の罠にはまっていたことだ。

EU諸国は、パイプラインでロシアから天然ガスの供給を受け、石油や石炭を輸入している。ロシア最大のガス企業ガスプロムは、欧州各地にガスを供給するパイプラインを張り巡らせている。EUは天然ガスで四〇％、原油輸入で約二七％をロシアに依存していた。とくにドイツではこの二〇年、ロシアとの経済関係を深め融和策をとってきたため、依存度も天然ガスで五五％、原油で三五％に達していた。供給をやめてしまえば、国内が深刻なエネルギー不足に陥るのは確実だ。

ドイツは歴史的にロシアとの関係はよくない。第二次世界大戦では激しい独ソ戦を繰り広げ敗北。戦後、ドイツは東西に分かれ、東ドイツはソ連の衛星国として西ドイツに向き合った。西ドイツはNATOの一員としてソ連を警戒、核武装まで検討した。断念させるために米国は自国の核兵器をドイツに配備して共同運用する「核共有」政策をとったほどなのだ。

それが冷戦後、融和策に転じる。経済関係を深めることで安全保障リスクを下げようとしたのだ。ちょうど冷戦後、天然資源の開発、輸出で経済を再建しようとしたプーチン政権と利害も一致した。ドイツはロシアからの天然ガスや原油の輸入を増やしていく。

EUが温暖化対策強化を掲げ、アンゲラ・メルケル政権が脱原発に踏み切ったことも依存に拍車をかけた。原子力発電で賄っていた分を二酸化炭素排出量が少ない天然ガスに置き換えようとしたのだ。この象徴となったのが、バルト海を通じて直接ドイツにロシア産天然ガスを供給する海底パイプラインのノルドストリームだった。ロシア政府系のガス会社ガスプロムなどが建設し、一本目は二〇一一年に稼働、二本目となる全長約一二〇〇キロのノルドストリーム2は二〇二一年九月に完成したものの、ウクライナ危機を受けてドイツのオラフ・ショルツ首相は二月二二日、稼働手続きを停止すると表明した。

とはいえ、ノルドストリーム1は稼働中だ。ロシアが稼働停止に踏み切れば、ドイツ経済は大混乱に陥りかねない。ロシアのアレクサンドル・ノバク副首相は三月七日、ノルドストリーム1を通じたガス輸出を停止する可能性に言及し、欧米側が「(停止の決定に)われわれを追い込みつつある」と牽制した。ショルツは四月八日、ロシア産の石油についてはほかの調達先を探すなど「年内に脱却できると思う」と説明したが、天然ガスについては「想像以上に容易ではない」と弁明した。ドイツの人口は約八四〇〇万人だ。その人口を賄うだけのエネルギーをほかから得られない限り、ドイツは簡単にロシアを切るわけにはいかないのだ。

こうした状況をみて、ウクライナのゼレンスキー大統領は四月一四日、英BBC放送のインタビューで、ドイツとハンガリーを名指しして「他国民の血で稼いだ金でロシアから石油を買っている」と批判した。批判の高まりを受け、EUのウルズラ・フォンデアライエン欧州委員長は五月四日、EU加盟国にロシア産石油を禁輸する方針を示した。対ロ依存度が高い国については即時禁輸が難しいとして、年末までの段階的な禁輸を提案した。しかし依存度の高いハンガリーとチェコ、スロバキアは強く反発。ハンガリーのビクトル・オルバン首相は同月六日、「(提案は)ハンガリー経済に核爆弾を落とすようなものだ」と述べ、受け入れがたいとした。EUは五月三〇日の首脳会議でロシア産石油の輸入禁止で合意したが、ハンガリーへの妥協案としてパイプラインを通じた輸入を禁輸対象から当面除外した。年内に九〇%の輸入が停止されることになったが、ロシアはすでに中国やインド向け輸出を増加させるなどしており、制裁の実効性には疑問符が付く。

†EU各国とロシアの関係

ここで、ほかの欧州諸国の対ロ政策はどうなっているのかをみたい。EUは共通外交・安全保障政策をとるが、各国の内実はかなり違い、対ロ外交姿勢も異なる。フランスは歴史的にドイツとの関係はよくなく、敵の敵は味方というわけでもないがロシアとの関係は悪くない。エマニュエル・マクロン大統領が侵攻後、プーチンと何度も会談しているのは両国に長年築かれてきたパイプがあるからだ。また原子力発電が国内エネルギーの中心で、エネルギーの対ロ依存度が低い事情もある。

一方、二〇二〇年にEUから離脱した英国は、大陸諸国よりは米国と同調することが多い。イラク戦争のときにフランスやドイツなどが開戦に反対したにもかかわらず、トニー・ブレア政権がブッシュ政権と協調姿勢をとったのはよく知られる。今回のウクライナ危機でもボリス・ジョンソン政権はバイデン政権と共同歩調をとってきた。

そして、第二次世界大戦後、ソ連の支配下に置かれた中東欧諸国には第二次世界大戦でドイツから侵略を受けた国も多く、ドイツへの警戒感が強い。安全保障上、一方に偏ることなくロシアとも経済関係を築いてきた国がほとんどだ。それが裏目に出たのが今回のウクライナ侵攻だ。

こうした事態に警戒感を抱いてきたのが米国だといえる。これまで一貫して、ロシアへのエネルギー依存度が増すことでNATO圏の安全保障が不安定化すると警告し、ノルドストリーム2についても中止を訴えてきた。ショルツが稼働停止を決断した背景にも、バイデン政権の強い圧力があったといわれる。

まさに米国の懸念どおり、天然ガスや石油が戦略的な武器となった。それが明確になったのが、四月二七日のロシアによる東欧のポーランドとブルガリア向けの天然ガスの供給停止だ。理由は四月分のガス代金を期限までにロシアが求める通貨ルーブルで支払わなかったためだ。ロシアは為替相場の下支えを目的に、各国にルーブル払いを要求している。ロシアのドミトリー・ペスコフ大統領報道官は、ルーブルによる支払いに応じない国に対してはガス供給を止める可能性があると述べた。狙いが欧州の制裁への牽制なのは明らかだ。

ロシアは冷戦後、経済、エネルギー供給という大きな武器を握るようになっていたのだ。それが欧米の結束にくさびを打ち込み、国際秩序を揺さぶっている。

†制裁に加わらない中国

すでにみたように、ロシアを人権理事会から事実上、追放する国連総会の決議では、国連加盟国の半数以上の国が反対もしくは棄権票を投じた。世界のすべての国がロシアのウクライナ侵攻を非難しているわけではないのだ。米欧の軍事同盟であるNATOの圧迫を受けた結果、軍事作戦に踏み切ったというロシアの言い分に耳を貸す国は、実はそれほど少なくない。米欧主導の経済制裁が十分に機能しないわけはここにもある。

その代表格がロシアと戦略的パートナー関係にある中国だ。安保理でも二〇一〇年代からP3（米英仏）に対抗してロシアと共闘し、侵攻後も一貫してロシアを非難せず、制裁にも疑問を投げかけていた。ウクライナ侵攻についても事前にロシアから聞かされ、黙認していたといわれている。

その情報を裏付けるような記事が三月初め、米紙『ニューヨーク・タイムズ』に出た。中国政府高官らが二月上旬にロシア政府高官らに対し、北京冬季五輪が閉幕する同月二〇日まではウクライナ侵攻に踏み切らないように要請していたというのだ。ニュースソースは複数の欧米当局者で、欧米の情報機関の報告書の内容が基になっているという。

記事によれば、米当局者らは二〇二一年一一月中旬以降、ウクライナ国境にロシア軍部隊が集結していると中国に伝えていた。中国の王毅国務委員兼外相に対し、プーチン大統領に侵攻をやめるよう説得を求めたという。同年一二月には、中国がロシアとウクライナ情勢を巡る情報を共有しており、計画を妨害しないとロシア側に伝えたとの情報を米側は得ていたという。ウクライナ侵攻を巡っては、ロシアが対中関係に配慮し、冬季五輪終了を待ってから踏み切るのではないかとの憶測があり、そのとおりとなった。

中国外務省の汪文斌副報道局長は三月三日の記者会見で「まったくの虚偽情報だ」と否定したが、中国がウクライナ侵攻が将来の台湾統一のテストケースになるとみてロシアに同調する立場で見守っていたとの見方は根強い。そして実際、その後の中国の行動はその推定を裏付けている（第六章にて詳述）。

三月三〇日には侵攻後、ロシアの閣僚として初めて中国を訪問したラブロフ外相と王毅が会談し、ラブロフは「多極的で公正、民主的な世界秩序」に向けた連携を呼びかけた。王毅はウクライナ問題について「長年欧州に蓄積した安全保障を巡る問題の爆発であり、冷戦思考の結果だ」と指摘。NATOの東方拡大を問題視するロシアに理解を示した。

実際、中国は制裁どころか対ロ貿易を増やしている。四月一三日に中国税関総署が発表した貿易統計によると、一〜三月のロシアとの貿易は輸入が前年同期比三一％増、輸出が二五・九％増と大きく伸びた。米ブルームバーグ通信によると、一〜四月のロシアの中国向け天然ガス輸出量は前年比で六割増えた。

さらに中国商務省の報道官は四月一四日の会見で、米欧などの対ロ制裁により中国とロシアの「正常な経済関係が妨害されている」と非難した。一部の外国企業が中国企業にロシアか、米欧が支持するウクライナかどちらにつくのか迫っているとし「中国企業の権益を守るため必要な措置をとる」と強調した。中国の楽玉成外務次官は四月一八日にロシアの駐中国大使と会談し、中ロ関係がロシアのウクライナ侵攻に影響されないとの考えを伝えた。

金融制裁でも中国が抜け穴になっているとの指摘がある。ロシアには「SPFS」と呼ばれる独自の送金ネットワークがあり、中国の人民元決済システム「CIPS」とつながっているとされる。この場合、SWIFTから排除されてもCIPSを経由すれば国際決済はできると指摘されている。

中国は中立的な国への働きかけも強めている。王毅は三月二一～二七日にかけてパキスタン、アフガニスタン、インド、ネパールを歴訪。米欧の一方的な対ロ制裁への懸念を表明し、三月三一日～四月三日にはインドネシアなど東南アジア四カ国の外相らも北京に招いた。

†インドの複雑な立場

中ロと欧米との間で綱引きになっているのがインドだ。インドは中国牽制を目的とした日米豪との四カ国枠組み「クアッド」に参加する一方、ロシア非難を避け、制裁にも加わっていない。

ナレンドラ・モディ首相は四月一日、インドを訪問したロシアのラブロフ外相と会談し、ウクライナ侵攻を念頭に暴力の早期停止の必要性を訴えるとともに、インドは平和への取り組みに貢献できると強調した。

背景にはインドの置かれた複雑な立場がある。パキスタンとは一九四七年の分離独立直後から対立しており、カシミール地方の領有権を争い、互いに核兵器で牽制しあっている。中国との関係もよいわけではない。巨大経済圏構想「一帯一路」の下でパキスタンやインド洋の島々、中央アジアに影響力を強めている中国との間では国境紛争も抱える。ロシアはインドにとって、中国やパキスタンに対抗する兵器の輸入国であるばかりか、中国との仲介役として期待できる重要な国でもあるのだ。

ロシアのウクライナ侵攻では日本は欧米側に立っており、報道も欧米側からの視点が中心で、ロシアを非難するトーンのものが大半だ。しかしインドの例をみるだけでも、それが一面的な見方に過ぎないということは理解してもらえるのではないだろうか。

†割れるG20

たとえば、米欧の先進七カ国（G7）に中ロなどを加えた計一九カ国とEUでつくる国際会議の枠組み、二〇カ国・地域首脳会議（G20）をみてみよう。

G20は世界で国内総生産（GDP）の約八〇%、総人口は約三分の二を占めるが、今回の対ロ制裁に加わっているのはカナダ、フランス、ドイツ、イタリア、日本、英国、米国、オーストラリア、韓国、EUの一〇カ国・地域のみだ。これ以外の一〇カ国のうちロシアをのぞく、アルゼンチン、ブラジル、中国、インド、インドネシア、メキシコ、サウジアラビア、南アフリカ、トルコの九カ国は制裁に加わっていない。

G20は二〇二二年一一月にインドネシア・バリ島で首脳会議を開催予定だが、ロシアのプーチン大統領が出席の意向を示しているとされる。バイデン米大統領はウクライナ侵攻を受けロシアの参加を認めるべきではないと主張した。一方、王毅は「G20を分裂させる権利は誰にもない」と反対の姿勢を鮮明にし、ブラジルのカルロス・フランサ外相も「(プーチンの排除には)明確に反対」と述べた。オーストラリアのスコット・モリソン首相は「他国を侵略した人と一緒の部屋にいる必要があるとは思えない」としていたが、その後、ホスト国のインドネシアが参加を容認する立場であることを受けて「急いで結論を出さなくてもよい」と態度を軟化させている。

ここまで一致できない状況では、欧米がどれだけ制裁を強化しても、効果は限られるだろう。その欧州諸国にしても航空機や兵器産業の利益となるウクライナへの軍事支援には熱心だが、ドイツにみられるように自国のエネルギー権益だけは守る姿勢が鮮明だ。これでは戦争が激化するばかりだ。

対ロ制裁をめぐる世界の分裂は、米欧中心の世界秩序が崩れかかっており、そこに、ウクライナ侵攻がとどめを刺したことを如実に示すものとなったのだ。本来、侵略国家には国連による経済制裁ができるはずだった。これなら各国が一致した形で強力な制裁が可能となる。しかし安保理が機能していない状況では、国連は一切制裁ができない。

3 人道犯罪の発覚

†ブチャで見つかった三〇〇人の遺体

二〇二二年四月二日、ウクライナ軍は、ロシア軍が占領していた北部のキーウ（キエフ）州全域を奪還した。三月二九日にトルコで行われたロシアとの停戦交渉で、ロシアが交渉を進展させるためとして首都キーウと北部一帯での軍事作戦を縮小すると表明し、ロシア軍が撤退したためだった。

しかし奪還した地域でウクライナ当局者は信じられない光景を目にすることになった。路上に普段着の一般市民の遺体が多数放置されていたのだ。ロシア軍に殺害されたとみられた。キーウ近郊ブチャの市長は、人口約三万七〇〇〇人のブチャで市民約三〇〇人の遺体を確認したと明らかにした。

ウクライナ当局は四月三日、キーウ州で市民四一〇人の遺体を確認したと公表。後ろ手で縛られたまま殺害されたり、頭部を銃で撃ちぬかれるなどの遺体がいくつもあった。虐殺や拷問の証拠である。ウクライナ検察当局は、拷問や暴力の痕を消そうとロシア軍が遺体を焼却しようとしたと非難した。

人道犯罪の疑いが濃厚だった。ジュネーブ条約など国際人道法では一般市民への攻撃、拷問やジェノサイド（大量虐殺）を禁止している。四日にブチャを訪問したウクライナのゼレンスキー大統領は「国際社会によりジェノサイドと認められる」と強調。クレバ外相はロシアの戦争犯罪を裁くため、ブチャで証拠を集めるよう国際社会に訴えた。

一方、ロシアは市民殺害への関与を否定した。ロシア国防省は「一人の住民にも手を出していない」とし、市民の犠牲の写真や映像は挑発のため捏造されたものだと主張。ロシア軍は三月三〇日にはブチャにいなかったとし「ロシア軍の支配下にあった期間中、市民の被害は報告されていない」とした。

しかし、ウクライナ当局は四月四日、多数の一般市民殺害を巡る捜査を本格化し、ブチャを上回る被害をキーウ州のボロディアンカで確認した。イリーナ・ベネディクトワ検事総長は四日、ボロディアンカは「最悪の被害だ」と強調。ウクライナ国防省はブチャでの市民殺害に関わったとするロシア兵約一六〇〇人の名簿を公開した。ロシア極東を管轄する東部軍管区に所属する旅団の名簿で、氏名や生年月日、階級が記され、「一般市民に対する残虐行為について、すべての戦争犯罪者は法の裁きを受ける」と主張した。

激戦地となった南東部マリウポリでもロシア軍が病院や避難所を攻撃し、一般市民に多くの死傷者が出ていた。

基本的人権の尊重を掲げる国連にとって人道犯罪は見過ごしにできない問題だ。国連のグテレス事務総長は四月三日、「大きな衝撃を受けた。独立した調査が必要だ」との声明を発表。国連人権理事会は同月四日、ウクライナ問題で緊急協議を行い、ウクライナでの人道犯罪を調べる独立調査委員会の設置を求める決議案を採択した。人権理は基本的人権の促進と保護に責任を持つ国連機関である（五章にて詳述）。さらに、すでにみたとおり、国連総会は同月七日、ロシアの国連人権理事会メンバー資格を停止する総会決議案を採択し、人権理から追放した。

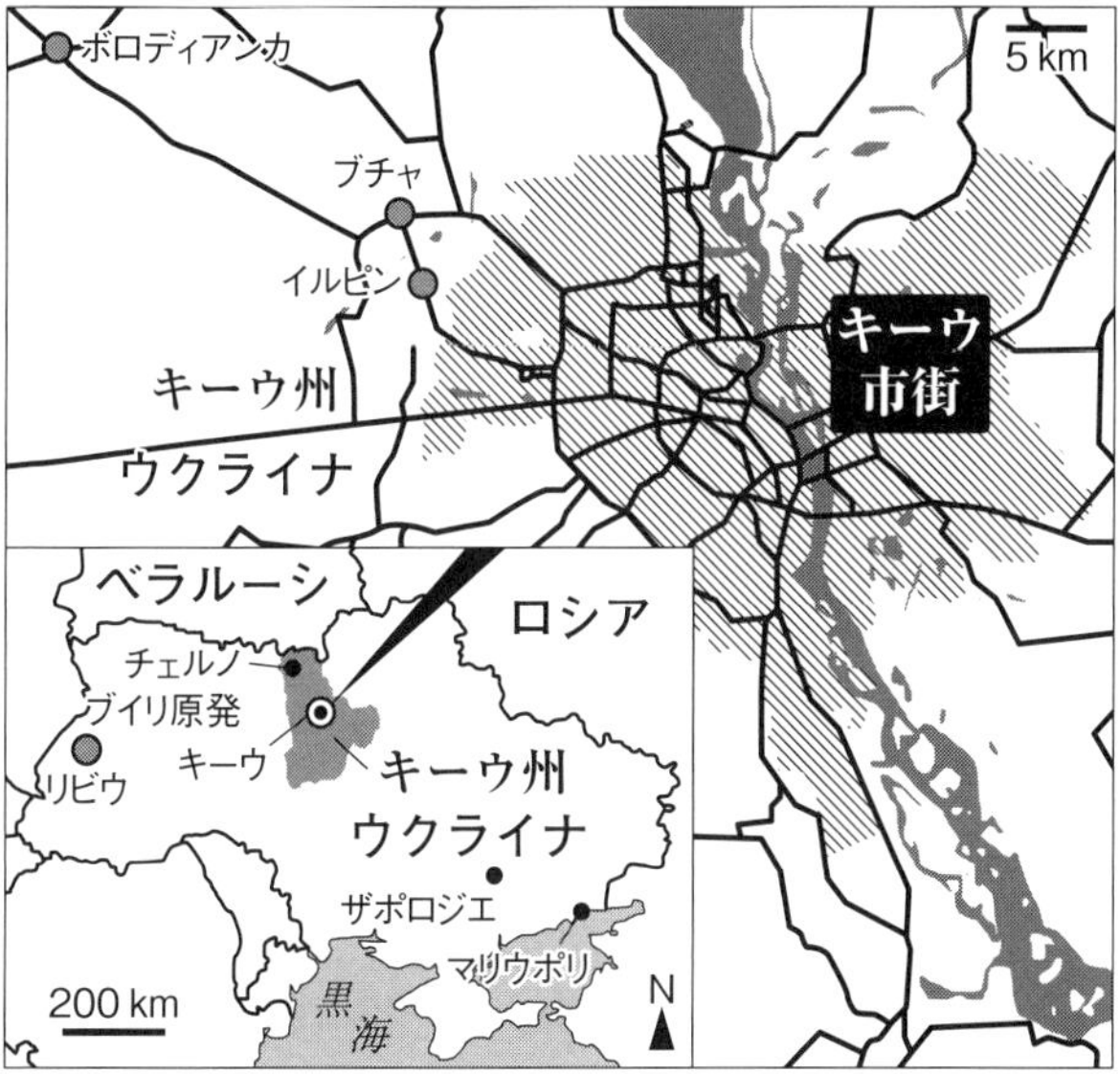
ボロディアンカ
5 km
ブチャ
イルピン
キーウ
市街
キーウ州
ウクライナ
ベラルーシ
ロシア
チェルノ
ブイリ原発
リビウ
キーウ
キーウ州
ウクライナ
ザポロジエ
マリウポリ
黒
海
200 km
N

ウクライナ地図

†ICCによる戦争犯罪捜査

ロシアを非難する国際世論は高まった。フランスのマクロン大統領は四月四日、EUが追加制裁に乗り出す可能性に触れた。日本の岸田文雄首相は「国際法違反の行為は厳しく非難する」と強調した。バイデン米大統領は同月一二日、アイオワ州で演説し、ロシアのプーチン大統領が「ジェノサイド」を行っていると発言した。これまでもプーチンを「虐殺者」「戦争犯罪人」と呼んできたが、ジェノサイドと明言したのは初めてだった。

EUは戦争犯罪の証拠収集と捜査のチームをウクライナと合同で立ち上げ、現地に派遣する方針を明らかにした。バイデンもプーチンを「戦争犯罪人」として裁くため証拠を集める必要があると訴えた。ゼレンスキーは五日、安保理でオンライン演説し、第二次世界大戦以降で「もっとも恐ろしい戦争犯罪」は裁かれねばならないと強調した。

戦争での人道犯罪はどのように裁かれるのか。ジェイク・サリバン米大統領補佐官(国家安全保障問題担当)は、オランダ・ハーグに本部を置く国際刑事裁判所(ICC)が適任だとし、ウクライナ政府もICCによる調査を求めた。一方、ICCのカリム・カーン主任検察官は侵攻開始から四日後の二月二八日には戦争犯罪が起きている可能性があるとして捜査を始める方針を表明、三月二日には捜査を開始していた。

ICCは、人道に対する罪や戦争犯罪などを行った個人を国際法に基づき訴追、処罰するための常設の国際裁判所であり、一九九八年に国連で採択されたローマ条約に基づいて設置された。同条約を批准した国が加盟国となるが、ウクライナとロシアはいずれも未加盟。ただしウクライナは二〇一四年にロシアが強制編入した南部クリミア半島などでの犯罪と人道に対する罪についての捜査権限をICCに与えていた。カーンは四月中旬、ブチャを訪れ、戦犯訴追に意欲を示した。

ICCは国連とは独立した機関だが、その権威を担保しているのは安保理だ。ICCに未加盟の国の戦犯でも安保理が「国際平和と安全の維持」にとって脅威と認め、決議でICCに付託すれば訴追できる。各国の協力で逮捕され、ICCの法廷で有罪が宣告されれば刑に服させることも可能だ。

†戦争犯罪はどのように裁かれるか

ICC（国際刑事裁判所）とはどういう組織なのか。果たしてプーチンを裁けるのか。

その前に第二次世界大戦後、世界はどのように戦争犯罪を裁いてきたのかをみてみたい。

第二次世界大戦では、ナチス・ドイツによるホロコースト（ユダヤ人大量虐殺）や占領地での住民殺害、日本軍による中国などでの一般住民虐殺や連合国の捕虜虐待が報告された。連合国はこれらの戦犯を処罰するため、欧州ではドイツ・ニュルンベルクに国際軍事裁判所を、東京にも極東国際軍事裁判所を設置した。それぞれニュルンベルク裁判、東京裁判といわれる。

ニュルンベルク裁判ではヘルマン・ゲーリング国家元帥らナチスの指導者二四人が裁かれ、一二人が死刑となった。一方、東京裁判では東条英機元首相ら二八人が被告台に立ち、七人が死刑となった。

これらの裁判では慣例法としての戦争犯罪で裁かれたが、侵略戦争を始めた責任を個人の犯罪とする「平和に対する罪」が新たに適用された。いずれも実行のときには違法とはみられていなかったのに、のちになって刑事責任を問うことを定めたため、罪刑法定主義の原則とは外れる。のちにこれが「勝者の裁判」といわれ、批判を受ける理由ともなった。

この後、戦争犯罪を裁く常設の組織が必要との声はあったが、冷戦時代は東西陣営の対立で議論は前に進まなかった。

しかし、一九九〇年代の旧ユーゴスラビア紛争で、他民族の殺害や組織的な性暴力が横行した。とくにボスニア・ヘルツェゴビナではクロアチア系、セルビア系、ボスニャック（イスラム教徒系）の主要三民族がそれぞれ支配下に置いた地域から他民族を根絶する「民族浄化」と呼ばれる悲惨な戦いを繰り広げた。このため戦争犯罪を摘発し、戦犯を裁く必要が強く指摘され、ビル・クリントン米政権の主導により一九九三年に安保理で国際法廷の設置が決議された。これに基づいて設けられたのが、旧ユーゴ国際戦犯法廷（ICTY）である。

ICTYは一九九一年～二〇〇一年に旧ユーゴ各地での戦争犯罪の容疑者として計一六一人を起訴した。起訴された人々の中には国家元首や首相、内相、軍高官らが含まれていた。一九九五年七月にボスニアのスレブレニツァでセルビア人勢力が八〇〇〇人以上のボスニャックを殺害した「スレブレニツァの虐殺」ではセルビア人勢力の指導者だったラドバン・カラジッチとラトコ・ムラディッチがともに起訴され、終身刑が確定している。

さらに一九九四年にはルワンダで起きた民族紛争に対処するため、ルワンダ国際戦犯法廷（ICTR）も設置された。

ICTY、ICTRの活動は戦争犯罪を裁く常設の国際裁判所設置への大きな一歩となり、一九九八年には国連の会議でローマ条約が採択された。二〇〇二年七月一日に発効し、

ＩＣＣが活動を開始した。二〇二二年四月現在、日本や欧州諸国など一二三ヵ国が加盟するが、ロシア、米国、中国は参加していない。中国は「内政干渉だ」として未署名。ロシアは二〇〇〇年に署名したが、二〇一六年に「国際的な司法機関として独立していない」として署名を取り下げた。米国はクリントン政権下の二〇〇〇年に条約に署名した。しかしその後、安保理はＩＣＣに事件を付託できるが、検察官は何のチェックも受けずに捜査、起訴を進めることができ、これでは安保理の権限が損なわれるなどと主張し、ブッシュ政権時の二〇〇二年に署名を撤回している。

†プーチンを裁けるか

では今後、ＩＣＣの捜査はどのように進められるのだろうか。

ＩＣＣ検察官は証拠収集の結果、戦争犯罪を行ったと「信じるに足る合理的な根拠」を示すことができれば逮捕状を出し、訴追できる。ウクライナ検察やＥＵは積極的に証拠を集めている。

対象となる犯罪は「ジェノサイド（集団殺害）犯罪」、一般市民への攻撃など「戦争犯罪」、組織的な民間人殺害など「人道犯罪」、侵略戦争を起こしたり、計画したりした「侵略犯罪」の四つで、ウクライナ当局に身柄を拘束されたロシア兵らが訴追され、裁判にかけられる可能性は高い。ただロシアはICC加盟国ではないので、ロシアにいる軍幹部らに逮捕状が出されても、引き渡されることはないだろう。このためプーチンの行為を犯罪と証明するのはかなり難しい。仮に訴追してもロシアが引き渡すとは考えられないし、国家元首であるプーチンは多くの国で免責特権を持っており、現時点ではプーチンが裁きを受ける可能性は限りなく低い。

旧ユーゴ国際戦犯法廷の判事を務めた多谷千香子は著書『戦争犯罪と法』（岩波書店）で次のように指摘している。

権力の野望に取り付かれた戦犯の末路が、獄につながれることであり、積極的に戦争犯罪を命令・実行しなくても、期待される行為をとらず責任を放棄した者もまた戦犯として処罰されることが明らかになれば、人は戦犯裁判の経験に学んで、同じような犯罪を繰り返すことを差し控え、将来の戦争犯罪を防止できるのではないだろうか。

（二一頁）

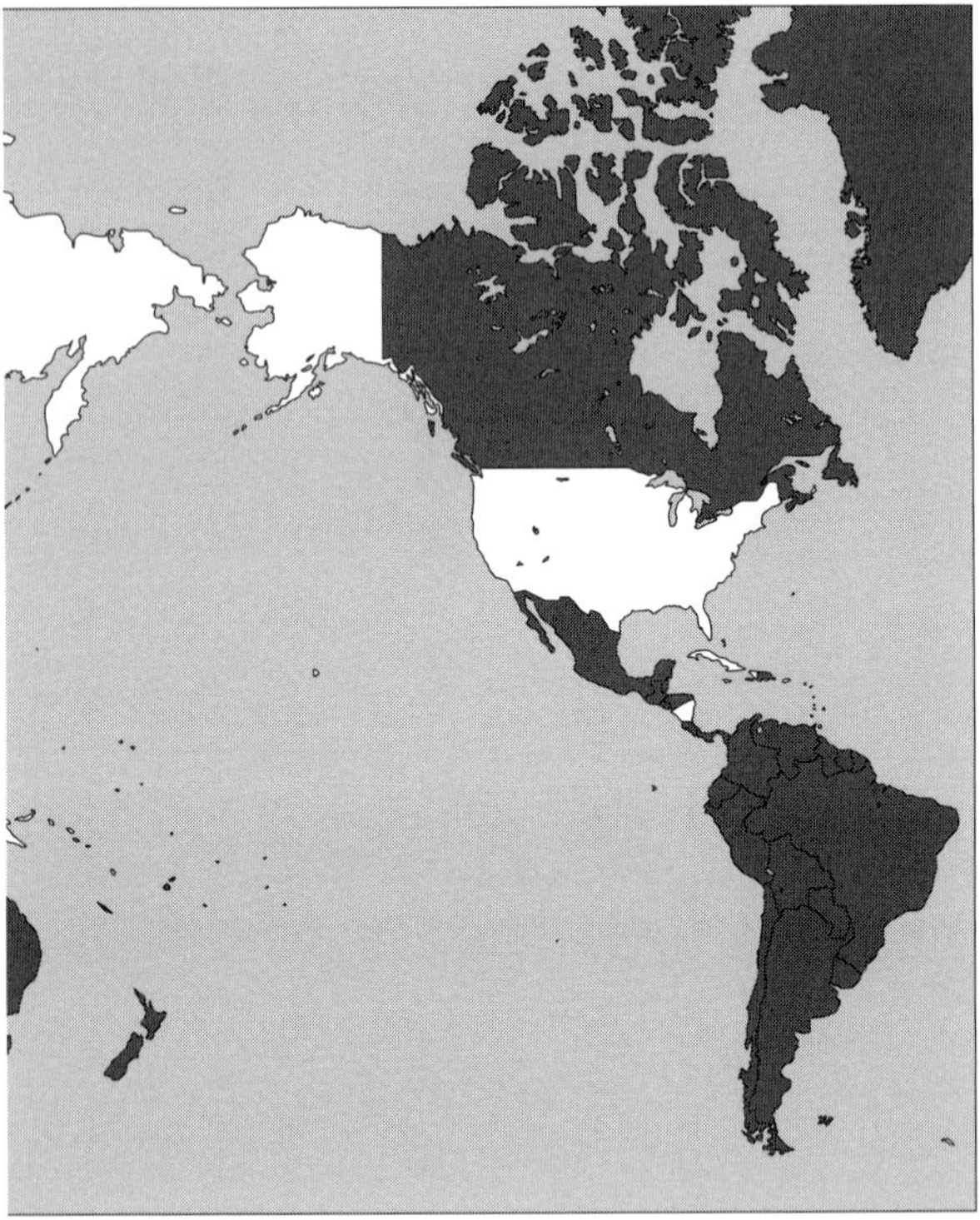

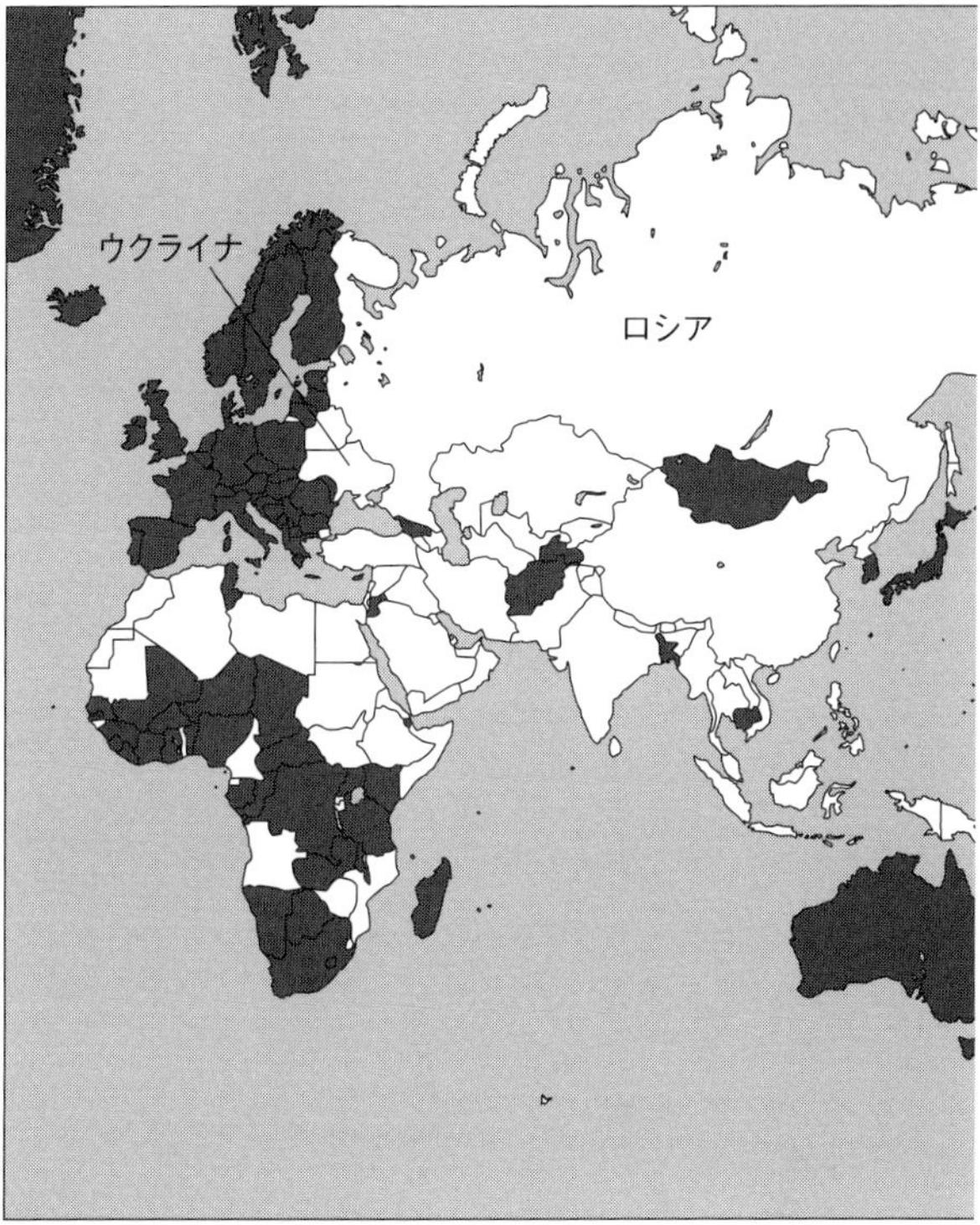

国際刑事裁判所の 123 加盟国

2022 年 4 月時点のもの。"Joining the International Criminal Court" 及び外務省資料より作成

ウクライナ侵攻で報告されている人道犯罪は深刻だ。世界を、二回の世界大戦が起き「虐殺の世紀」と呼ばれた二〇世紀の状況に戻さないためにも、国際社会はこれらの犯罪に手を染めた戦犯容疑者を裁き、「法の支配」を確立せねばならない。

†化学兵器使用の確認は困難

ロシアはウクライナで、クラスター弾や対人地雷など非人道兵器を使用したと報告されている。さらに国際社会が恐れるのは、ロシアによる大量破壊兵器の使用だ。

バイデン米大統領は三月二三日、ロシアが化学兵器を使用する可能性について「現実の脅威だ」と述べた。NATOのイエンス・ストルテンベルグ事務総長も記者会見で、化学兵器が使われれば戦争の性質が完全に変わるとし「影響は広範囲にわたるだろう」と警告した。

しかしロシアは化学兵器の開発・生産・貯蔵・使用を全面的に禁じた化学兵器禁止条約の加盟国であり、条約が認める警察などが暴徒鎮圧用に用いる催涙ガスぐらいしか保有していないはずなのだ。それにもかかわらず欧米が懸念するのは、二〇一一年から続くシリア内戦でロシアの支援を受けたアサド政権が、猛毒のサリンや塩素ガス弾などの化学兵器を一〇〇回以上使ったとみられるからだ。これらの化学兵器の原材料はロシアが提供した疑いがある。

サリンは有機リン系の神経ガスで、日本ではオウム真理教が一九九四年六月に長野県松本市の裁判官宿舎近くで散布し、八人が死亡した。九五年三月には東京・霞が関を通る地下鉄内で撒き、一四人を死なせ、六〇〇〇人以上に重軽傷を負わせたことで知られる。塩素ガスは第一次世界大戦で用いられ、目や呼吸器の粘膜を刺激し、呼吸困難を起こす。

ウクライナ侵攻でも、ウクライナ側は三月下旬に首都キーウ近郊のイルピンや東部ルガンスク州で白リン弾を使われたと主張した。白リン弾は激しい燃焼力で深刻なやけどをもたらし、非人道的な化学兵器の一つだ。さらにロシア軍が包囲攻撃を行った南東部マリウポリで、親ロ派「ドネツク人民共和国」軍事部門の報道官は四月一一日、製鉄所の地下に潜んでいるウクライナ側への化学兵器使用を示唆した。その後、マリウポリを拠点とするウクライナの戦闘集団「アゾフ連隊」は、ロシア軍が無人機から有毒な化学物質を投下したと主張した。

ジェン・サキ米大統領報道官は一二日、現地調査が不可能で「確認できない」とした。ウクライナのゼレンスキー大統領も「包囲された中で証拠を得ることは無理だ」とした。

戦地では現地調査が難しく、化学兵器使用の確認はかなり困難だ。実際にその疑いが濃厚だとすると、オランダ・ハーグに本部を置く化学兵器禁止機関（ＯＰＣＷ）が調査に乗り出すことになる。ロシアの化学兵器禁止条約違反が明らかになれば、条約締約国会議が安保理や国連総会に報告し、対応を委ねることになる。それゆえ、現時点ではどれだけ被害報告が寄せられても国連としては何も動きは取れないのだ。

大量破壊兵器のうち現在、国際社会がもっとも恐れているのが、ロシアが持つ核兵器だ。ロシアが実戦で使用すれば一九四五年八月の米国による広島、長崎への投下以来となり、国際秩序は崩壊の瀬戸際に立つことになる。

プーチンが核兵器使用に踏み切るかどうかの分析は第四章で行うが、四月二七日にプーチンがウクライナ侵攻に関し、第三国がロシアに脅威を与えようとした場合は「電撃的な対抗措置をとる。ロシアは他国にない兵器を保有している。必要なら使う」と述べたことは覚えておいてよいだろう。これに先立ち、ロシアのラブロフ外相も核戦争の危機は「深刻かつ現実的で過小評価すべきではない」と発言している。

4　停戦の条件は何か

†戦争の長期化をにらむ

二〇二二年六月現在、ロシアのウクライナ侵攻は開始から三カ月を経たが、終わりは見えない。

米欧は当初、ロシアに金融制裁をかけ経済的に崩壊に追い込むというシナリオを描いたとみられるものの、ロシアは二〇一四年のクリミア半島強制編入後に受けた制裁を教訓に準備を進めていた可能性が高く、デフォルト（債務不履行）の危機は当面しのいだ。欧米はロシアの石油や天然ガスの禁輸措置を強化する方針だが、中国やインドなどが参加しないなかでは効果が限定的だ。もちろん長期的に見れば制裁がじわじわとロシアの体力を奪う可能性はあるものの、短期的に戦争を止めるほどの力はないといえよう。

米欧の指導者からは、戦争が長期化しそうだとの見通しも聞かれ始めた。ジョンソン英首相は四月二二日、情報機関の見方として、ロシアのウクライナ侵攻が「来年末まで続きそう」で、ロシア勝利の可能性もあると指摘した。米軍制服組トップのマーク・ミリー統合参謀本部議長は四月五日の米下院軍事委員会公聴会で、戦争が「数年続くのは確実」と指摘した。

バイデン米大統領は四月二八日、議会にウクライナへの軍事、経済、人道支援のため総額三三〇億ドル（約四兆三〇〇〇億円）の追加予算を要請。ジョンソンも五月三日、外交首脳としては侵攻後初めてウクライナ議会でオンライン演説し、対砲兵レーダーや暗視装置、ドローン（無人機）などを含む約三億ポンド（約四八七億円）の追加援助を表明した。いずれも戦闘の長期化をにらんだ支援といえよう。

しかし長期化すれば、戦闘の激化に伴いロシアが大量破壊兵器を使用し、第三次世界大戦の引き金となるリスクも高まる。一般市民の犠牲が増え、人道的な危機的状況が拡大する可能性も高い。

停戦に持ち込むには国際社会も関与する交渉実施が重要となる。国連のグテレス事務総長のほか、イスラエルやローマ教皇などが調停役に名乗りをあげているが、具体的な成果が出ているのはトルコが仲介して断続的に行われている停戦交渉のみだ。これを何とか軌道に乗せ、段階的にでも停戦を実現していくのが現実的な選択肢といえるかもしれない。

†プーチンは停戦に応じるか

それではロシアのプーチン大統領は停戦に応じるのか。

実は停戦交渉は、侵攻後早い段階で始まっていた。二月二八日にはロシアとウクライナそれぞれの代表団がウクライナ・ベラルーシ国境付近で最初の交渉を行い、プーチンがクリミア半島のロシア主権承認やウクライナの非武装化、中立化を主張した。三月三日にはベラルーシ・ポーランド国境付近で再開され、以降オンラインでの会談も含め断続的に行われるが進展はなかった。

大きく動いたのはトルコのレジェプ・エルドアン大統領の仲介で、同月二九日にトルコ・イスタンブールで実施された交渉だ。ロシア側が首都キーウ周辺での軍事作戦の大幅縮小を表明、ウクライナ側も関係国による安全保障の枠組み創設を条件にNATO非加盟を提案するなど初めて具体的進展があった。

三月三〇日にプーチンと電話会談したイタリアのマリオ・ドラギ首相は翌日の記者会見で、プーチンが、ウクライナのゼレンスキー大統領と首脳会談するのは「時期尚早だ」と述べたと明らかにした。停戦の条件がまだ整っていないとの見方を示したという。プーチンはこの時点でキーウ攻略をいったん断念し、東部ルガンスク、ドネツク両州の制圧に集中する方針を固めたといわれていた。

その後、東部や南部での戦闘が続くなか、プーチンは四月二七日にロシア・サンクトペテルブルクでの議会関係者との会合で演説を行った。欧米がウクライナを反ロシアの拠点につくり替えたと主張し、クリミア半島の主権をウクライナが認めない限り停戦に応じない姿勢を改めて示した。ルガンスク、ドネツク両州の親ロ派支配地域とクリミアの安全確保は「必ず達成される」とも述べたという。

この発言からプーチンが考える停戦条件は次の二点に絞られるとみてもいいだろう。

一、ウクライナの中立化と非武装化
二、クリミア半島のロシアの主権承認とルガンスク、ドネツク両州の親ロ派支配地域の独立の承認

このうち二については、ルガンスク、ドネツク両州とクリミア半島の実効支配を確実に

したうえで停戦交渉に臨むとみられる。つまり両州を占領、支配を固めたうえでないと、停戦交渉に本格的に取り組む気はないとみていいのではないか。

とすると、問題になってくるのは一だ。これは、ウクライナにNATOへの非加盟の確約を求めるものである。ロシアはウクライナとの停戦交渉で、非加盟を確実にする憲法改正を要求した。ウクライナ側は改憲に向け国民投票を行う方針を示したが、NATOに加盟しない代償として、ロシアを含む周辺国などと条約を結び自国の安全保障を確約させる必要性を強調した。

周辺国などと条約を結んで自国の安全保障を確約させるとはどういうことか。関係国によりウクライナの安全保障の枠組みを創設してほしいということだ。ウクライナは関係国として安保理五常任理事国とドイツ、イタリア、カナダ、ポーランド、イスラエル、トルコの一一カ国を上げた。

多くの国が関係すればそれだけ交渉は難しくなる。それにもかかわらず、ウクライナが高めともいえる要求を掲げたのは、冷戦終結後にウクライナが米英ロとの間で結んだ、ウクライナの独立と主権を保証する「ブダペスト覚書」がまったくかえりみられずに侵攻を受け、覚書が完全な反古になったことへの怒りがある。

†反古になった「ブダペスト覚書」

旧ソ連の一共和国だったウクライナには、旧ソ連が一〇〇〇発以上の核弾頭を配備していた。ソ連崩壊後、ウクライナがこれらの核を保有し続けるという選択肢もあった。しかし核兵器国を増やしたくない米英ロはウクライナに、残された核の放棄と引き換えに安全保障を提供すると約束。一九九四年一二月にハンガリーのブダペストで開かれた欧州安全保障協力機構（OSCE）の首脳会議の際、ウクライナとの間で覚書を交わした。これが「ブダペスト覚書」である。

覚書とは英語の「memorandum」で、国家間の外交交渉や国際会議での議事内容を議事要録として相手方に手渡す場合に用いられるが、ブダペスト覚書には当時の四カ国首脳、ウクライナのレオニード・クチマ大統領、ロシアのボリス・エリツィン大統領、英国のジョン・メージャー首相、クリントン米大統領の署名があり、国家の正式な外交文書とみていいだろう。しかし覚書である以上、法的拘束力はなく、違反したところで罰則もない。

内容を簡単に要約すると、ウクライナが非核保有国として核兵器拡散防止条約（NPT）へ加盟、領土内に現存するすべての核兵器を廃棄する。その代わりに米英ロはウクライナの独立、主権と領土の保全を尊重し、もし外部から攻撃を受けたら安保理に持ち込み、解決を図ると約束していた。要は自分たちが戦争を仕掛けることはなく、もしほかの国から侵略を受けたら味方するということである。

米英ロがいずれも安保理の五常任理事国のメンバーであることはいうまでもない。さらに残りの二カ国、中国とフランスも核放棄を評価し、ウクライナの安全保障を提供すると文書で保証していた。習近平国家主席は二〇一三年に北京でウクライナのヴィクトル・ヤヌコビッチ大統領と会談した際に、ウクライナの安全保障提供にも言及していた。

しかしロシアは覚書について「二〇一四年の政変で政権が変わった以上守る必要がない」として侵攻し、米英も直接の介入を避けた。中国外務省報道官は覚書について「安全保障には内容の制限がある」と明言を避けた。完全に反古とされたのである。大国の身勝手な理屈でしかない。核兵器さえ取り上げてしまえばあとは国際情勢次第だというわけで、ウクライナとしては納得がいくものではないだろう。それゆえ、もはや覚書のような法的拘束力のない文書をやり取りするのは許容できないのだろう。このため一一カ国を巻き込みたいとの希望を出したといえる。いずれにせよ、この交渉には相当の時間が必要になるだろう。

交渉の動きが見えないなか、ヘンリー・キッシンジャー元米国務長官は五月二三日、スイスのダボス会議で、ウクライナ侵攻について今後二カ月以内に関係各国が停戦交渉に臨むべきだと指摘。停戦条件として「理想的には（ロシアとウクライナの）境界線を侵攻以前の状態に戻すべきだ」と述べた。これは事実上、ウクライナに対し、ロシアが実効支配しているクリミア半島と、ルガンスク、ドネツク両州の親ロ派支配地域をあきらめろと言っているに等しい。欧米では侵攻が長期化するとの予測に伴い、ウクライナへの兵器供与をいつまでも続けるのは困難であり、ウクライナも徹底抗戦を叫ぶのではなく、ロシアに何らかの譲歩をして交渉を再開すべきだの意見も出始めている。キッシンジャーの発言の背景にはこうした声があると考えたほうがよい。

小国の意向を無視したこうした大国の論理に、ウクライナ側は強く反発する。ゼレンスキー大統領は二五日のビデオ演説で、一九三八年に英仏とイタリアがナチス・ドイツに対して当時のチェコスロバキアのズデーテン地方の割譲を認めたミュンヘン協定を引き合いに、「キッシンジャー氏のカレンダーは二〇二二年ではなく一九三八年であり、ダボスではなく当時のミュンヘンの聴衆に話していると考えているようだ」と批判した。ミュンヘン協定はナチスの指導者ヒトラーへの典型的な融和政策として知られ、ヒトラーはこの後、これ以上の領土要求はしないとの約束を破り、チェコを事実上支配下に置き、翌年にはポーランドに侵攻する。

ゼレンスキーは「ウクライナに対してロシアへの譲歩を求める人々が、幻影の平和と引き換えに譲渡を迫る土地には数百万人のウクライナ人が暮らしている」とし、領土割譲に応じるつもりはないと強調した。しかしリチャード・ニクソン、リンドン・ジョンソン両政権の下で国務長官などとして米外交の表舞台で活躍し、九九歳になってもなお米外交政策に隠然たる影響力を持つとされるキッシンジャーが何の裏付けもなしに単に意見を言ったとは考えにくく、バイデン政権内で停戦交渉を探る動きが出ている可能性がある。バイデンは三一日、『ニューヨーク・タイムズ』への寄稿で「私はウクライナ政府に領土で譲歩するよう公的にも私的にも圧力をかけることはない」と強調する一方、米が紛争に直接介入することはなく、外交での解決を支援するとし、ロシアとの交渉が必要になっているとの見方を示した。

†国連が果たす役割

安保理は二〇二二年五月六日、ウクライナ情勢を巡り「ウクライナの平和と安全の維持に関して深い懸念を表明する」との議長声明案を全会一致で採択した。ロシアも中国も反対しなかった。ウクライナ侵攻後、安保理が声明を出すのは初めてだ。声明はロシアの侵攻や責任には触れておらず、法的拘束力はないものの、ようやく安保理が結束を示せた意義は大きい。

ここで議長声明の内容を見たい。

・安保理は、ウクライナの平和と安全の維持に関して深い懸念を表明する。
・安保理は、すべての国連加盟国が国連憲章の下、平和的手段により国際紛争を解決する義務を有していることを想起する。
・安保理は、平和的解決を求める国連事務総長の努力に強い支持を表明する。
・安保理は、国連事務総長に対し、この議長声明が採択された後、適当な時期に安保理に状況説明を行うよう要請する。

なぜ侵攻後、二カ月以上たって議長声明を採択できたのか。停戦に向けたグテレス国連事務総長の努力があったからだ。

グテレスは侵攻当初、ロシアを強く非難したものの停戦仲介には消極的だった。P5の一国に真正面から交渉しても成果は乏しいと考えたのかもしれない。ようやく重い腰を上げたのは三月二八日だ。記者団の前で停戦仲介への意欲を表明する。侵攻で市民の犠牲者が増え続けるなか、何もしない国連への批判の声が高まっていた。

国連には紛争の仲介に関与してきた伝統がある。ダグ・ハマーショルド事務総長は一九六一年にコンゴ動乱の停戦調停に向かう途中、国連機の墜落で死亡した。ウ・タント事務総長も一九六二年のキューバ危機で米ソ間の調停に尽力した。

グテレスは国連人道問題調整室（OCHA）のマーティン・グリフィス室長（事務次長）に人道的停戦に向けた可能性を探るように指示したが、この試みはうまくいかず、グテレスは四月二六日、モスクワに乗り込み、ロシアのプーチン大統領と会談。激戦地となっているウクライナ南東部マリウポリのアゾフスターリ製鉄所からの民間人退避に国連と赤十字国際委員会（ICRC）が関わることで合意し、製鉄所からは五月八日までに六〇〇人以上の民間人が退避した。停戦交渉に道筋をつけることはできなかったが、今回の安保理の議長声明は、平和的解決に向けたグテレスの努力に対し「強い支持」も示し、各国の国連外交への強い期待を示した。

ノルウェーとともに議長声明案をまとめたメキシコのファン・デラフエンテ国連大使は「最初の一歩だが、正しい方向だ」と述べ、外交的解決への機運の高まりを望むと強調した。

グテレスはロシア訪問後、ウクライナも訪れ、ゼレンスキー大統領と会談。四月二八日の記者会見で「完全な停戦を求め続けていく」と強調した。東西冷戦期も含めこれまで大規模な紛争で国連が停戦交渉を成功させた例はない。ただウクライナ侵攻では欧米がロシアと対立し、中国も仲介には関心をみせていない。各国の支持さえ得られれば、仲介役として想定以上に貢献できる可能性はある。

トルコのエルドアン大統領は五月三〇日、ロシアのプーチン大統領と電話会談し、ロシアとウクライナが合意すれば、両国に国連を加え、トルコ・イスタンブールで会談を開く準備があると表明した。

停戦交渉再開への打開策として浮上してきたのが、ウクライナ侵攻に伴う穀物、肥料の輸出停滞問題である。ウクライナとロシアは世界有数の穀物の輸出国だが、侵攻以降、ロシアによる黒海封鎖でウクライナからは貨物船の積み出しができない状態だ。ロシアは穀物や肥料の輸出も制限。このため穀物価格は上昇し、世界的な食料危機が懸念されている。

グテレスは輸出正常化のための仲介を開始、国連貿易開発会議（UNCTAD）のレベカ・グリンスパン事務局長に訪ロを要請した。国連によると、グリンスパンは同月三〇日にロシアのアンドレイ・ベロウソフ第一副首相と会談し、正常化に向けて協議した。UNCTADは発展途上国の経済開発と貿易促進を進める国連機関だ。

ロシア政府によると、プーチン大統領はウクライナからの貨物船の安全確保のためトルコと協力する用意があると表明した。欧米の対ロ制裁が解除されれば、ロシアは貢献できるとも述べたという。

第 二 章

戦後の世界秩序とは何か

1951年に掲載された、ニューヨークにある国連本部及び周辺の写真。
（撮影日不明、ニューヨーク、国連軍提供＝共同）

1 国連の成り立ち

†ニューヨークにある国連本部

国際連合の本部は米ニューヨークにある。マンハッタン島のイーストリバー沿い、四二丁目から四八丁目までの広大な敷地にある、三九階建ての建物だ。

ニューヨーク市にとってはエンパイアステートビルや自由の女神像と並ぶ観光名所でもあり、普段は世界中から訪れる見学客であふれかえっている。二〇二一年九月には、韓国の男性音楽グループBTS（防弾少年団）が、持続可能な開発目標（SDGs）への取り組みのためのイベントでここに登場。スピーチで「未来について悲観的に考えないでほしい」と呼びかけた。YouTube で英語字幕付きの動画も公開されており、国連本部のあちこちで踊り、歌うBTSメンバーの姿が見られるので、関心のある方にはぜひご覧いただきたい。

ところで、国連本部はなぜニューヨークにあるのだろうか。不思議に思ったことはないだろうか。前身の国際連盟の本部はスイス・ジュネーブにあった。国際機関としての中立性を重んじるなら、中立国に置いたほうがいいだろう。国際機関の本部を置くということは、各国がそこに代表部を設置したり、総会などの開催地になったりすることを意味する。本部のある国が、参加者へのビザ発給などで圧力をかけることも可能だ。世界平和を目指すのであれば、大国が引き受けるべき役割ではないだろう。しかし現実に国連本部はニューヨークにある。ここに国連の創設の秘密を解く鍵があるのだ。

†米英主導の創設

歴史の教科書をひもといてみよう。参考とするのは、加藤俊作『国際連合成立史』（有信堂）。国連の成り立ちを解説した本文一五〇ページほどの小さな本だが、注意深く読むといろいろなことを教えてくれる。

時系列にみてみよう。

一九四一年八月、大西洋上の軍艦で、米国のフランクリン・D・ルーズベルト大統領と英国のウィンストン・チャーチル首相が会談する。当時は第二次世界大戦が始まって約二年。ナチス・ドイツは欧州大陸をほぼ席巻したものの、英国上陸には失敗し、二カ月前にはソ連に攻め込んでいた。この八月は、米国が対日石油禁輸に踏み切った月でもある。日本は約四カ月後に真珠湾を攻撃、戦火は一気にアジアに拡大することになった。

しかしこのときはまだ、米国は第二次世界大戦に参戦していなかった。それにもかかわらず米英首脳は何を話し合ったのか。

両首脳は会談後、共同宣言に署名する。八項目からなる「大西洋憲章」と呼ばれる文書だ。これを読むと、会談では戦後世界をどう作っていくか、その目標が話し合われたということがわかる。

えっ、まだ、戦争の最中なのに?と考えるのは当然だろう。

こう考えるとわかりやすいかもしれない。当時、チャーチルは米の参戦を強く求めていた。しかし米には欧州大陸の出来事に深く関わらないという孤立主義が根深くあり、ルーズベルトの一存だけで参戦はできない。一方、国内では英国の苦境やナチスに対する恐怖感から参戦論も広がっていた。参戦するためには大義名分が必要だ。ナチスを倒したあと、どういう世界をつくる目標があるのか、議会や国民に説明しなければならない。その目標

1941年	8月	米ルーズベルトと英チャーチルが大西洋憲章に署名
1944年	8～10月	ダンバートン・オークス会議
1945年	2月	ヤルタ会談
	4～6月	サンフランシスコ会議
	10月	国連憲章発効。国連が創設される
1946年	3月	英チャーチル、「鉄のカーテン」演説
1948年	5月	第一次中東戦争の停戦監視のため、国連休戦監視機構（UNTSO）を設置
	12月	国連総会、世界人権宣言を採択
1950年		朝鮮戦争について、北朝鮮を侵略者とする安保理決議を採択。ソ連は会合を欠席し、米主体の国連軍を派遣
1951年		日本、連合国と講和条約を締結
1956年	10月	日本、ソ連と日ソ共同宣言を締結
	10～11月	スエズ戦争。初の国連平和維持（PKO）部隊として第一次国連緊急軍（UNEF Ⅰ）を設置
	12月	日本、国連加盟
1958年		日本、国連安保理の非常任理事国に初選出される
1962年		キューバ危機
1963年		国連憲章改正（安全保障理事会と経済社会理事会拡大）につき総会決議採択
1964年		トンキン湾事件。翌年アメリカが北ベトナムを爆撃。安保理は正式審議せず
1968年		核不拡散条約（NPT）、採択
1971年		国連総会、中国代表権を中華人民共和国に認める
1978年		日本、中国と平和条約を締結
1988年		PKOがノーベル平和賞を受賞。以後2017年までに58回編成される
1990年		安保理、イラクのクウェート撤退要求。多国籍軍の軍事行使容認決議
1991年		ソ連崩壊
1996年		包括的核実験禁止条約（CTBT）、国連総会で採択
1999年～		NATOの東方拡大

国際連合の成立から冷戦終結まで

を国内外に広く知らせたかった。その目標の中に、将来の国連創設を含む項目が入っていたのだ。

大西洋憲章の八項目は、以下のとおりだ。

一、米英両国は領土拡大を求めない
二、領土を変更する場合は関係国の国民の意思による
三、民族自決権の尊重
四、通商の自由
五、経済発展と社会保障のための国際的な協力
六、恐怖と欠乏からの自由
七、海洋の自由

そして、国連の創設が最後に盛り込まれた。

八、両国は、世界のすべての国民が武力行使を放棄しなければならないと信じる。

陸・海・空の軍備が自国の国境外に侵略の脅威を与える限り、将来の平和は維持できないのであるから、一層広範かつ恒久的な全般的安全保障システムが確立されるまで、こうした国々の武装解除は不可欠であると信じる。（抄訳）

この「一層広範かつ恒久的な全般的安全保障システム」が国連の基礎となる。

†安保理のもとになった「四人の警察官」構想

このときのルーズベルトには「四人の警察官」構想があった。戦後の世界秩序を、勝者となった大国で担おうというものだ。最初は米英二カ国を想定していたが、ナチス・ドイツを圧倒する力を見せたソ連が戦後秩序に欠かせないと考え、引き込むことにした。さらに戦後の新たな秩序を「白人支配」と非難されないために中華民国を入れた。これが国連安全保障理事会の五常任理事国（P5）の原型となる。

この後、いくつかの会談や会議で国連創設に関して具体的な構想が議論され、一九四四年八〜一〇月に米首都ワシントン近郊のダンバートン・オークスで断続的に開かれた米英ソ中四カ国による会議で、現在の国連憲章の原型がつくられたのだ。

プリンス・オブ・ウェールズ号上で会談するルーズベルト米大統領（左）とチャーチル英首相（右）。（1941年、US Navy）

このころまでには、英国の強い要求で警察官にフランスを加えることも決まっていた。戦後の欧州で、ドイツを挟んで単独でロシアと向き合うのを恐れたといわれている。

新しい国際機構の中核を、すべての加盟国が参加する総会、事務局、安保理とすることも固まった。もちろん、もっとも重要なのは国際平和と安全の維持のために強制手段をとれる安保理だ。まず経済制裁を科し、その成果がなかった場合は軍事行動をとることもできるとした。

この機関の中心となるのが「四人の警察官」＋フランス、つまり米英仏中ソのP5だ。そして安保理にどのような機能を与えるか、P5にどのような権限を持たせるかが議論の焦点となった。

またソ連はソビエト社会主義共和国連邦を構成する一五共和国すべての国連加盟を要求し、これも争点になった。これを受け入れれば、ソ連は総会で一六票を得ることになる。国連創設時の原加盟国が五一だったといえば、いかに過大な要求かわかるだろうか。ソ連に融和的な姿勢で知られたルーズベルトもさすがに難色を示した。

議論は一九四五年二月、クリミア半島のヤルタで行われた米英ソ三首脳の会談に持ち越された。ヤルタ会談として知られたこの会談で安保理の問題について一応の決着がつくが、この内容は次節に譲る。またソ連には、ウクライナと白ロシア（現在のベラルーシ）の加盟を認めることも決まった。結局計三票を与えることになったわけで、米英はソ連を国連に加盟させるためにかなりの譲歩を強いられたことになる。

†本部設置を巡る対立

そして一九四五年四〜六月に米サンフランシスコで行われた会議で五〇カ国の代表が国連憲章に署名し、一〇月二四日に発効。この日が国連創設の日となった。

『国際連合成立史』によると、国連本部をどこに置くかはその後一年以上決まらなかった。英国やフランスは、ジュネーブやハーグ、プラハなど欧州の都市に置くべきだと主張。ソ連も含めた欧州以外の国は、米国に置くべきだとして対立した。米国派には、国際連盟に米国が入らず失敗した教訓から、今回は米国に責任を持った立場で加わってもらおうとの考えがあったのだといわれる。

最終的に、米国も国内に本部を置くことに反対せず、ちょうどロックフェラー家の一員で慈善家として知られたJ・D・ロックフェラー二世から、現在の国連本部の敷地を寄付してもよいとの意向が伝えられたこともあり、ニューヨークへの設置が決まった。

ここまでみてきたように、国連は米英主導で、当初は第二次世界大戦の勝者たる米、英、仏、ソ連、中華民国が国際秩序維持を担うという意思の下につくられた。その役割を果たすためにつくられたのが安保理で、この五カ国がP5（五常任理事国）となった。次節では安保理とは何か、P5がどのように安保理に関わるのかをみていきたい。

2　安全保障理事会の正体

†国連による集団安全保障

前節で国連の成り立ちを振り返った。国連とは世界平和を目的に各国が集まった連合体ではなく、第二次世界大戦の勝者となったP5が「警察官」として戦後世界の秩序維持を担うために作られた組織だということを、理解していただけただろうか。

最上敏樹『国際機構論講義』（岩波書店）は、次のように明確に書いている。

創設された国連に委ねられた機能の中で最も大きなものは、平和あるいは安全保障だった。それ以外の機能も目的の中に広範に包含されてはいたが、主眼はやはり平和／安全保障に置かれていたと言える。（八五頁）

国連の安全保障体制とは、一方ではたしかに「国際の平和と安全」を目的にしてはいたが、他方では世界大の治安維持体制にすらなりうるものだった。やや単純化して言うなら、「大国」に逆らうものは制裁される、という体制である。（八八頁）

この国連の安全保障体制を支えるのが安全保障理事会なのだ。単純にいうと、安保理とは国連による集団安全保障を行う機関である。

「集団安全保障」というのはニュースでよく聞く言葉だ。国語辞典で調べると「国家の安全を、みずからの軍備の拡張や他国との軍事同盟によるのではなく、多数の国々が協力して特定国の武力の行使を防ぐ体制をつくることによって保障しようとすること」（『精選版日本国語大辞典』）とある。つまり国連に加盟すれば、他国の侵略を受けてもほかの加盟国が侵略者に対して制裁を科すなどして守ってくれるという考え方といえる。

このため加盟国は自国の安全が脅威を受けた場合、安保理議長に緊急会合を開くよう求めることができる。実際、ウクライナのクレバ外相は二月二三日、ウクライナ東部の親ロシア派がプーチン大統領に軍事支援を要請したことを受け、安保理の緊急会合開催を要請している。

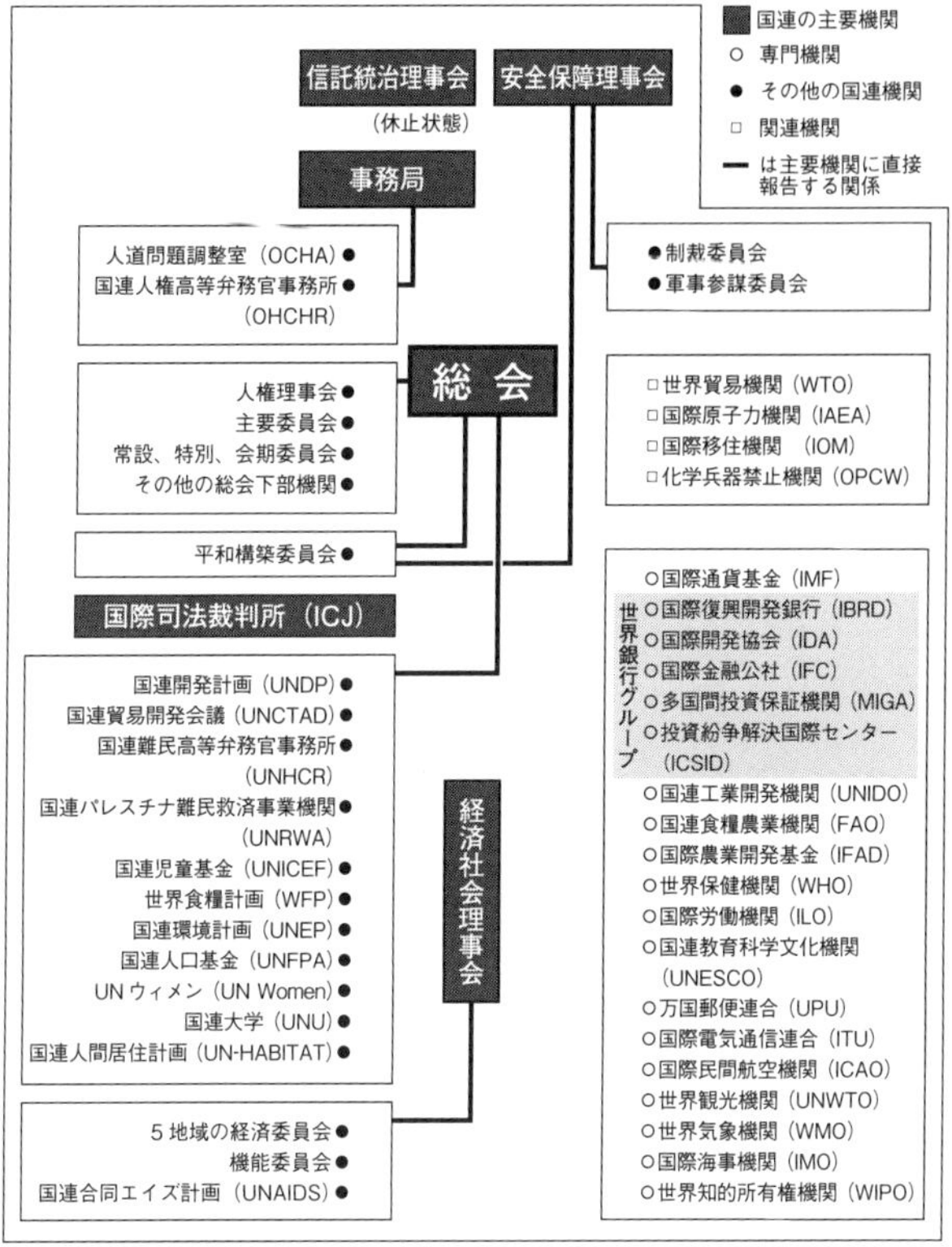

国際連合機構図

『世界年鑑 2022』（共同通信社）67 ページより作成

†安保理の持つ権限

では、安保理はこの集団安全保障をどのように実現するのか。具体的にいえば、国家間の紛争や侵略行為が起きた場合、それにどのように対処するのかということだ。国連憲章を読むと、まずは事態を調査し、解決の条件を勧告したり、平和的手段によって解決するよう紛争当事者に要請したりするなどの手段をとれる。しかしこれらで解決できない場合は、最終的には強制行動を起こすことを可能としている。つまり侵略国に経済制裁や武力制裁を行うことができるのだ。これを規定するのが第七章の第四一、四二条だ。重要なので条文を記しておきたい。

第四一条
安全保障理事会は、その決定を実施するために、兵力の使用を伴わないいかなる措置を使用すべきかを決定することができ、且つ、この措置を適用するように国際連合加盟国に要請することができる。この措置は、経済関係及び鉄道、航海、航空、郵便、電信、無線通信その他の運輸通信の手段の全部又は一部の中断並びに外交関係の断絶を含むことができる。

第四二条
安全保障理事会は、第四一条に定める措置では不充分であろうと認め、又は不充分なことが判明したと認めるときは、国際の平和及び安全の維持又は回復に必要な空軍、海軍又は陸軍の行動をとることができる。この行動は、国際連合加盟国の空軍、海軍又は陸軍による示威、封鎖その他の行動を含むことができる。

第四一条が主に経済制裁を、第四二条が武力制裁を指すことはいうまでもないだろう。国連による経済制裁が核開発を断念しない北朝鮮に科されていることを、多くの人が知っているだろう。北朝鮮は銀行から外国に送金することや、他国との経済取引が非常に制限された状態に置かれている。経済的にはほとんど窒息寸前といえるが、中国が支援することで息をつないでいる。核開発疑惑を払拭できなかったイランが同様に一時経済制裁を科されたが、このときはそのあまりの厳しさにイスラム体制が崩壊するのではと恐れた穏健派政権が、欧米との交渉に乗り出した。これほど国連による経済制裁は厳しい。

一方の武力制裁は、厳密な意味では実現したことがない。一九五〇〜五三年の朝鮮戦争や一九九一年の湾岸戦争の際に、米国などに武力行使を委任することで行われたことがある。しかしルーズベルトやチャーチルが想定していたような、常任理事国を中心にした国連軍を編成することはついにできなかった。

条文では制裁措置の適用を「安保理が加盟国に要請することができる」としている、もちろん単なる要請では従わない国も出る。このため第二五条に「加盟国は安保理の決定をこの憲章に従って受諾し且つ履行することに同意する」と定めている。つまり安保理の決定は法的拘束力を持つとしているのだ。

とにかくかなり強力な措置である。それゆえ、その決定には高いハードルが設けられている。制裁を盛り込んだ決議の採択には一五理事国のうち、P5を含む九理事国の賛成が必要だ。P5のうち一カ国でも反対すれば決議は不採択となる。これがいわゆる拒否権だ。

この拒否権が安保理ひいては国連を機能不全に追い込む「宿痾《しゅくあ》」となった。冷戦時代には米ソの拒否権の応酬があり、さらにこの一〇年、中国やロシアが米国と対決姿勢をとるようになってからは、両国の拒否権行使で安保理での紛争解決は事実上不可能になった。

そしてロシアは今回のウクライナ侵攻後、安保理でロシアを非難する決議案をこの拒否権で葬った。

†P5が拒否権を持つ理由

なぜ、P5に拒否権を与えたのだろうか。

この問題を考えるために、もう一度国連創設の歴史を振り返りたい。

前節で、安保理の原型はルーズベルトの「四人の警察官」（米英ソ中）構想だと指摘した。これは平和の侵害に対抗する権限を持つ強制機関で、紛争が起きた場合は四カ国を主体に軍部隊を派遣することを考えていたようだ。

この構想をもとに、ダンバートン・オークス会議で安保理が新たな国際機関の中心となることが決まった。この時点で、警察官役を担うP5には優越的地位が認められることも固まっていた。安保理で強制権を持った決定がなされる場合に、それらを阻むことができるいわゆる「拒否権」を与えるというものだ。特権を与えることで、P5が国連に積極的に参加する動機とするのが最大の狙いだった。

問題は、P5が紛争当事者になった場合にどうするのかだ。米英は当事国になった場合は決定の際に棄権すべきだとしたものの、ソ連は納得せず、P5は安保理で議論することさえ拒めると主張。これに米英は妥協した。サンフランシスコ会議では中小国から懐疑の声も相次いだが、最終的に、議論までは拒めないものの拒否権を行使できることになった。『国際機構論講義』はこのように指摘している。

ある武力行使が違法であるかどうか、したがって裁かれるべきかどうかを判定するのは安保理の権限であるから、安保理が「そうでない」と判定すれば法的には「そうでない」ことになる。拒否権を付与されている以上、常任理事国がみずからの武力行使は違法で処罰さるべき行為だと判定することは考えにくいから、理論的・制度的には、彼らが「違法な・処罰さるべき」武力行使を行うこともありえなくなるのである。

（八八頁）

嚙みくだいていうと、P5による武力行使は、国連憲章上は安保理の制裁対象とならないのである。

戦後、多くの戦争や紛争があったが、幸いなことにP5による露骨な侵略行為はなかった。ソ連のアフガニスタン侵攻や、米英がイラクのフセイン政権を崩壊させたイラク戦争などすれすれのものもあったが、現地政権の支援のためとか大量破壊兵器保持を阻止するためとか、一応の言い訳は用意されていた。

しかし今回のロシアによるウクライナ侵攻は、そうしたものとは性格を異にしている。警察官の役割を与えられた常任理事国が、自国の理屈だけでまさに問答無用で隣国を侵略したのだ。これが国連創設の理念を大きく損なうものであるのはいうまでもないだろう。グリーンフィールド米国連大使が侵攻後の安保理の討議で「ロシアは国連を破壊しようとしている」と発言したのはこの点を指摘したのだといえる。まさに「国際秩序が揺さぶられている」（岸田文雄首相）のだ。

今後、国連、安保理はどうなっていくのか。これについては第五章で詳しくみていきたい。

†国連憲章の謎

ここまで、国連は第二次世界大戦の勝者により作られたもので、勝者たるＰ５が世界秩序を維持するためのものであるという理念は今に至るまで変わっていないと指摘してきた。

とはいえ戦後七七年が経った。世界はだいぶ変わった。今やそんなことはないのでないか、との批判もあるだろう。

確かに国連では日本、ドイツなど旧枢軸国の存在感は高くなっている。国連を運営するための分担金も、二〇二二〜二四年の通常予算の分担率をみると日本が八・〇%、ドイツが六・一%を占めている。

しかし、現在も安全保障理事会の常任理事国は五大国が占め、日本やドイツなどによる常任理事国を増やすといった改革の試みはすべて失敗してきた。

なぜ日本やドイツは常任理事国になれないのか。このことを考察するために、もう一度国連憲章をひもときたい。ここには、旧敵国条項が厳然と残っているのだ。旧敵国条項とはどういうもので、戦後七〇年以上たった今もなぜ消すことができないのか。その謎に迫ってみたい。

その前に国連憲章について紹介しよう。ニューヨークの国連本部やジュネーブの国連欧州本部の売店に行くと、表紙に「Charter of the United Nations」と書いた小さな冊子が置いてあるが、あれが国連憲章を収めた小冊子である。国連の理念や原則を記した〝国連の憲法〟ともいえる存在だ。全一九章一一一条からなり、よく引用されるのが国際連合の目的を記した第一条である。

第一条

1. 国際の平和及び安全を維持すること。そのために、平和に対する脅威の防止及び除去と侵略行為その他の平和の破壊の鎮圧とのため有効な集団的措置をとること並びに平和を破壊するに至る虞のある国際的の紛争又は事態の調整又は解決を平和的手段によって且つ正義及び国際法の原則に従って実現すること。

2. 人民の同権及び自決の原則の尊重に基礎をおく諸国間の友好関係を発展させること並びに世界平和を強化するために他の適当な措置をとること。

3. 経済的、社会的、文化的又は人道的性質を有する国際問題を解決することについて、並びに人種、性、言語又は宗教による差別なくすべての者のために人権及び基本的自由を尊重するように助長奨励することについて、国際協力を達成すること。

4. これらの共通の目的の達成に当って諸国の行動を調和するための中心となること。

国連の主たる目的が世界平和と安全の維持であり、そのために集団安全保障体制の要となること、さらに人権や基本的自由の尊重を基本的な理念とすることがうまくまとめられている。

それでは旧敵国条項はどこに書かれているのか。第五三条と第一〇七条、さらに敵国について言及している第七七条の一部である。

第五三条は、安保理の許可がなければ他国に対しいかなる強制行動もとってはならない、と規定しているが、同時に日本やドイツなど第二次大戦の敗戦国を「旧敵国」とし、こうした国々に対する強制行動は許可を必要としないと定めている。一〇七条は、旧敵国と第二次大戦の結果結ばれた条約、協定などは国連憲章に優先すると定めている。国連信託統治制度を定める七七条も「敵国」の表現を使っている。対象国は明記されていないが、日本、ドイツ、イタリア、ハンガリー、ルーマニア、ブルガリア、フィンランドの七カ国だとされる。

†消せない旧敵国条項

しかし日本は一九五一年に連合国と講和条約を締結、中国とは一九七八年に平和条約、ロシアとはまだとはいえ一九五六年に戦争状態の終結をうたった日ソ共同宣言を結んでいる、ドイツ、イタリアも連合国とは講和もしくは戦争状態の終結を宣言している。もはや敵国ではない。

それゆえ日本、ドイツ、イタリアは、この条項を時代遅れだとして何度も削除を求めてきた。

一九九五年一二月には国連総会で旧敵国条項の早期削除を求める決議が賛成一五五、反対〇、棄権三で採択された。二〇〇五年九月には、国連改革をテーマにした国連総会特別首脳会合で「削除を決意する」との成果文書がまとめられた。

しかし依然、そのままなのだ。

もっともドイツは、一九六九〜七四年のウィリー・ブラント政権の東方政策でソ連・東欧諸国との関係正常化に成功、一九九〇年の東西ドイツの統一により戦後処理を終わらせており、同条項はすでに死文化しているとして日本ほど熱心には削除を主張していない。

一方、日本はロシアと平和条約を結んでおらず、中国とも領土問題を抱えるなど戦後処理が終わっているとはいいがたい。それゆえ旧敵国条項が依然、外交上の武器として使われることがあるのだ。次の記事を見てもらいたい。二〇一九年一月一六日のロシアのラブロフ外相の記者会見を報じた共同通信モスクワ支局の記事だ。一部を割愛した。

ロシアのラブロフ外相は一六日、日本の北方領土返還要求について「国連憲章上の義務に明白に違反している」と批判した。ロシアが平和条約締結交渉で、北方領土が第二次大戦の結果、ロシア領になったと認めるよう日本に求めていることについて、「最後通告でも前提条件でもない」が、国連憲章に沿ったものだと説明。同憲章は「旧敵国条項」で戦勝国が取った措置の不変性を定めているとした上で、日本は「第二次大戦の結果を完全に認めていない世界で唯一の国だ」と主張した。

ラブロフのいう条項が第一〇七条を指しているのは明らかだ。

国連を取材していて各国外交官が口をそろえるのは、ロシアの外交官がいかに国連関連の条約や諸手続き、規則を熟知しているかだ。欧米諸国のように任期がなく、長く勤める人が多いためだという。ラブロフは国連大使を経て二〇〇四年からずっと外相を務めている。彼は国連憲章の中身、それを日本が削除したいと考えながらできていない状況を知ったうえで発言に及んでいるのだ。

第五章で詳しくみるが、国連憲章の改正には国連総会を構成する国の三分の二の多数による採択、安保理の五常任理事国を含む国連加盟国の三分の二による批准が必要とされるなど、そのハードルは高い。しかし改正した例がないわけではない。P5が本気で取り組めば、旧敵国条項の削除はそれほどむずかしくないはずだ。しかし彼らは決して腰を上げない。この条項をいじると、安保理改革の議論が再燃する。彼らはそれが嫌なのだ。自分たちの特権を傷つける改革はしたくないのだ。

3　東西冷戦下の安保理

†米ソ拒否権の応酬へ

「バルト海のシュチェチン（ポーランド）からアドリア海のトリエステ（現イタリア）まで（欧州）大陸を横切る鉄のカーテンが降ろされた。中・東欧の歴史ある国々の首都はすべてその向こうにある」

一九四六年三月五日、英首相を退任したばかりのチャーチルは米ミズーリ州で、のちに

「鉄のカーテン」演説として知られる有名な演説を行った。

前年一〇月に国連が発足したが、その後、半年もたたないうちに世界は東西冷戦時代に突入していた。

創設間もない段階では、まだ安保理は機能していた。カシミール地方の帰属をめぐってインドとパキスタンが争った第一次印パ戦争（一九四七〜四八年）、イスラエルとアラブ諸国の間で戦われた第一次中東戦争（一九四八〜四九年）では、決議によりそれぞれ非武装の停戦監視団を派遣している。国連インド・パキスタン軍事監視団（UNMOGIP）と国連休戦監視機関（UNTSO）であり、いずれも現在もなお任務を継続中だ。紛争解決の難しさを示す事例といえるだろう。このうちUNTSOが国連平和維持活動（PKO）の一号とされている。

一九五〇年に起きた朝鮮戦争では奇妙なことが起きた。ソ連が国連における中華人民共和国の代表権問題に抗議して、安保理会合の欠席を続けたのだ。このため北朝鮮を侵略者とする安保理決議が採択され、米主体の国連軍が派遣された。しかしこの国連軍はソ連不在のどさくさで編成されたため、専門家には国連憲章第七章が定める国連軍とは認められないとの見方が多い。

こののち安保理は米ソの拒否権の応酬で機能不全に陥る。国連軍の編成はまったく不可能になる。それでも紛争は起きた。停戦監視や紛争地の平和維持のための活動が求められた。窮した国連は、強制行動を定めた国連憲章第七章と、紛争の平和的解決に関する国連憲章第六章に基づきPKO部隊を編成する。

†PKOの真実

ルーズベルトの「四人の警察官」構想とは、米英ソ中が軍の部隊を出し合って国連軍を編成し、強制権をもって紛争を抑え込むというものだった。このために設けたのが、国連憲章第七章「強制行動」の条項だ。侵略行為などが起きた場合は安全保障理事会が決議を採択し、国連の名の下で集団安全保障措置を発動。国連軍を出動させて侵略を阻止する目論見だった。国連軍の指揮を執るためにP5各国の参謀総長でつくる軍事参謀委員会という組織まで作ったが、東西冷戦によりすべて絵に描いた餅になってしまった。

朝鮮戦争では、国連軍という名で米中心の多国籍軍が編成されたことは前述した。これに懲りたソ連は以降、安保理に出席し、西側主導の決議案を拒否権で相次いで葬るようになる。

西側も拒否権を行使した。安保理の機能が動かないなか、一九五六年にスエズ戦争（第二次中東戦争）が起きた。エジプトのガマル・ナセル政権によるスエズ運河国有化に反発するイスラエルと英仏が軍を派遣し、エジプトと戦った戦争である。米が安保理に停戦決議案を出したものの、英仏が拒否権を発動した。米はただちに緊急の国連総会会合を求める決議案を出し、採択された。総会の緊急会合が開かれ、停戦を求める決議が採択された。米ソの圧力もあり、英仏とイスラエルは停戦に応じる。その際に編成されたPKO部隊が第一次国連緊急軍（UNEF I）である。

UNEFは停戦監視と撤退見守りを行うため当事国の承認を得たうえで派遣される軽武装のPKO部隊で、非武装で停戦監視のみ担うUNTSOよりは強制的な行動がとれる。国連憲章にはこうした部隊に関する規定はない。本来は、平和の脅威に対する強制行動を定めた国連憲章第七章の下で派遣するはずだったが、安保理が機能していないと動きが取れない。このためカナダのレスター・ピアソン外相が国連主導の部隊を創設するアイデアを持ち込み、窮余の策として実現したのだ。国連憲章第七章に基づく活動とも、紛争の平和的解決に関する国連憲章第六章下の活動ともいいがたいため「六章半の活動」といわれ、ピアソンは後にこの功績でノーベル平和賞を受賞した。

†停滞する安保理

冷戦期、安保理が十分機能しないなかで、PKOは国際平和の維持において重要な役割を果たす。しかしスエズ動乱後のように国連総会の決議により編成されたのはまれな例で、PKOの派遣や編成を決めるのは安保理の任務だ。東西対立で国連が紛争に介入するのが難しいなか、PKO編成も限られ、冷戦終結前の一九四八〜八八年の四〇年間に設置されたPKOは一五にすぎない。

冷戦初期の段階で大規模なPKOとなったのが一九六〇年に起きたコンゴ動乱で編成された国連コンゴ活動（ONUC）だ。ベルギーから独立したコンゴ共和国が混沌状態に陥り、ベルギーが軍事介入。コンゴ側が国連に支援を要請し、PKOとして最大二万人近くの要員を派遣したが、現地の混乱もあり二五〇人が死亡した。調停に乗り出したハマーショルド国連事務総長も現地で飛行機事故に遭い亡くなっている。

この後、一九六二〜六三年に西ニューギニア（西イリアン）でオランダとインドネシアの停戦を監視した国連西ニューギニア保安隊（UNSF）や、一九六三年のキプロス紛争での停戦監視を担った国連キプロス平和維持軍（UNFICYP）などが編成されるが、やはりパレスチナ問題を抱える中東での活動が目立つ。一九七三年の第四次中東戦争後の第二次国連緊急軍（UNEFⅡ）、ゴラン高原における停戦監視を任務とした国連兵力引き離し監視軍（UNDOF）、一九七八年のイスラエルのレバノン侵攻後の国連レバノン暫定軍（UNIFIL）の活動がよく知られている。

しかし米ソが前面に出てきた紛争では安保理の出番はなかった。キューバ危機でウ・タント国連事務総長が米ソ間を仲介し、存在感を示したものの、東西陣営の本格的な代理戦争となったベトナム戦争では、戦争の契機となった一九六四年のトンキン湾事件や米国による北爆開始後に安保理で協議が行われたものの、正式な議題には一度もならなかったし、決議案も提出されなかった。その後、カンボジアへ戦火が広がっても手をこまねいているだけだった。一九七九年のソ連のアフガニスタン侵攻では、ソ連軍の即時撤退を求める決議案がだされるが、ソ連の拒否権行使により否決された。

†冷戦後に活発化

そして一九八九年に冷戦が終結する。創設以来、米ソに振り回された国連だったが、同年にソ連がアフガニスタンから撤退する際は交渉を仲介し成功させた。

ソ連は一九九一年一二月に崩壊するが、翌年一月には米国が安保理会合を開催し、ロシアをソ連の後継者として認めさせた事実を忘れてはいけないだろう。このときにソ連の持つ常任理の議席をどうするか、安保理の構成をどうするか話し合う絶好の機会だったのに、米国が一方的に決めてしまったのだ。

植木安弘は『国際連合――その役割と機能』(日本評論社)で、ようやく冷戦が終わり、P5の協調が現実のものとなり、国連創設時に想定されたような安保理による集団安全保障体制が機能し始めたと思われた時期だったので、米国はそのような体制を崩すことをよく思わなかったのだと指摘している。

冷戦終結後、米ソ対立がなくなった影響で、各地で民族紛争や内戦が勃発した。同時に安保理が機能し始めたことで、PKOも急増した。一九八九~二〇一九年の三〇年間で、五六のPKOが編成されている。

PKOの主要任務は停戦監視と紛争地の平和維持だが、各地で展開するに従い現地の情勢に応じた任務も増えていった。紛争地での治安維持、市民保護、当事者の対話支援や暫定統治まで担う例も出ている。

日本がPKO活動に本格的に参加し始めるのも冷戦後である。一九九二年にPKO協力法を成立させ、第二次国連アンゴラ監視団（UNAVEMⅡ）に初めて三人の選挙監視要員を派遣した。その後、協力法は何度も改正され自衛隊の海外任務も拡大した。国連カンボジア暫定統治機構（UNTAC）に自衛隊を送ったのを皮切りに東ティモールやゴラン高原、南スーダンなどのPKOに参加している。

二〇二二年五月現在、世界では一二のPKOが活動中だ。PKOの予算規模は、二〇二一年度（二一年七月一日〜二二年六月三〇日）の予算額が六三億八〇〇〇万ドル（約八三〇〇億円）で、国連の通常予算の約三一億二〇〇〇万ドル（二〇二二年）のほぼ倍額だ。常任理事国の負担は割増される。

PKOを維持するためには、現地に展開するPKOの指揮官や国連機関の報告などから情勢を知り、判断をしていかねばならない。二〇〇八年ごろの取材ではアフリカで活動するPKOが多かったこともあり、「安保理の議論の八割ぐらいはアフリカ絡みだよ」と言われていた。

では、これらのPKOの要員はどこから派遣されているのだろうか。経済規模に応じて分担して出すのかと思うとまったく違う。二〇二二年三月の国連のデータによると、一位はバングラデシュで六七一〇人、次いでネパールの五七〇六人、インドの五五八一人。ほかにもルワンダ、パキスタン、エチオピアなど南アジアやアフリカの途上国が圧倒的に多い。これは派遣された要員には国連から給与が支払われ、装備品も支給されるためだ。先進国がカネを負担し、途上国がヒトを出すというのがPKOの基本的な構図となっている。

また、PKO任務の多様化に伴い、紛争に巻き込まれるなど危険を伴うようになり、死者も増えている。国連が一九四八年にPKOを開始して以降、事故や病気を含めた要員の死者は四一九七人に上っている。

†欧州でのにらみ合い

PKOが、国連の理想とする集団安全保障体制が機能しないため生み出された苦肉の策であることは理解していただけたと思う。では東西冷戦期、米国とソ連はどのようにして自陣営の同盟国の安全を保障していたのか。西側の場合、日米安全保障条約もその一つだが、もっとも強力なのが米欧の軍事同盟といわれる北大西洋条約機構(NATO)である。プーチンがウクライナに侵攻した理由の一つは、ウクライナがNATOに加盟しようとしたことだった。なぜプーチンはここまでNATOの拡大を恐れるのだろうか。話は戻るが、冷戦期の欧州情勢を振り返ってみたい。

一九六二年のキューバ危機では、米ソは全面核戦争の一歩手前までいった。国際政治学者のジョン・J・ミアシャイマーは『大国政治の悲劇』（五月書房新社）で以下のように指摘した。

確かに米ソ間のライバル関係は世界中で展開されていたが、それでもその重心はヨーロッパ大陸にあったのであり、莫大な陸軍と核武装した空軍が、この地で睨み合っていた。米ソ両国とも、北東アジアとペルシャ湾という二つの地域を非常に気にかけていたが、彼らが最も懸念していたのは、ヨーロッパにおけるバランス・オブ・パワーだった。その証拠に、米ソの軍事力の主力は、ヨーロッパ中心部の「中央戦線」(the Central Front）と呼ばれた場所の近くに展開されていた。（四八二頁）

冷戦の最前線は欧州だったのだ。第四章で改めて触れるが、欧州でNATOとソ連はそれぞれ数百発の戦術核兵器をもって対峙していた。そしてこの状況は今も大きく変わらずに続いている。

二〇世紀に起きた二度の世界大戦は、いずれも欧州を震源地としていたことを忘れてはならないだろう。第一次世界大戦は、サラエボでセルビア人の青年がオーストリア皇太子を暗殺したことをきっかけに始まった。第二次世界大戦がナチス・ドイツによるポーランド侵攻で開始したのはいうまでもない。そして今回、第三次世界大戦のきっかけになるとも懸念されるロシアのウクライナ侵攻も舞台は欧州だ。

欧州に住んでいると、一般の人々も国際情勢に極めて敏感なことに驚かされる。一九九八～九九年にドイツ・ベルリンに留学していたとき、ある朝、下宿先の男性が真剣な顔で新聞に見入っていた。旧ユーゴスラビアのコソボ紛争を伝えるニュースだ。「何をそんなに熱心に読んでいるのだい」と尋ねると「ロシアが攻めてくるかもしれない」という。「まさか」というと、何を甘いことをという顔で、いつ戦争がこちらに波及するかわからないんだという。常に地域や隣国の動きに気を配っている姿に感銘を受けた記憶がある。

†NATOの東方拡大

そういう歴史的な背景もあってか、一九九一年にソ連が崩壊し、ソ連を中心とした集団安全保障機構だったワルシャワ条約機構が解体したあとも、NATOはロシアを仮想敵国としたまま残った。国連を中心とする集団安全保障体制が機能すれば理想的だったが、安保理もようやく麻痺状態から回復したばかりだった。中国もロシアも米欧に協調的になってきたとはいえ、政治的にも経済的にも不安定な状態だった。経済混乱が続き、まずは国の立て直しに専念せねばならなかったロシアを尻目に、NATOは東方に拡大していく。

一九九九年にポーランド、チェコ、ハンガリー、二〇〇四年にはスロバキア、ルーマニア、ブルガリア、バルト三国（エストニア、ラトビア、リトアニア）、スロベニア、二〇〇九年、アルバニアとクロアチア。二〇一七年、モンテネグロが、そして二〇二〇年には北マケドニアが加盟した。ウクライナ侵攻を受けて、二〇二二年五月には北欧スウェーデンとフィンランドも加盟を申請した。

なぜ各国はNATOに加盟したがるのか。それはNATOが米国を中心とする集団安全保障機構だからだ。

その肝はNATO憲章第五条にある。

第五条
欧州又は北米における一又は二以上の締約国に対する武力攻撃を全締約国に対する攻撃とみなす。締約国は、武力攻撃が行われたときは、国連憲章の認める個別的又は

> 集団的自衛権を行使して、北大西洋地域の安全を回復し及び維持するために兵力の使用を含み必要と認める行動を個別的に及び共同して直ちにとることにより攻撃を受けた締約国を援助する。

きわめて明快である。加盟国への攻撃はNATO全加盟国への攻撃とみなし、ただちに武力も含めた反撃を加えるとしているのだ。

そこには日米安全保障条約のようなあいまいさはない。侵略行為に対してはきわめて峻烈な措置を定めた集団安全保障なのだ。背景には甚大な犠牲を出しながらナチス・ドイツ打倒の最前線に立ったソ連への恐怖心があったことがうかがえよう。

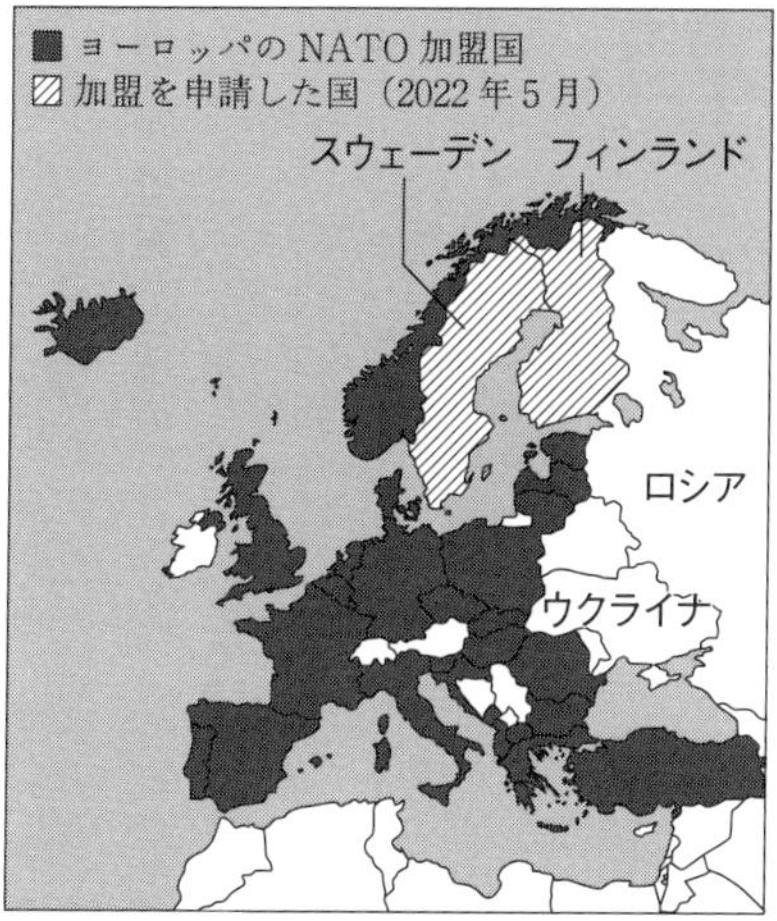

NATO加盟国と、加盟を申請した国

加盟すると侵略を受けたり、武力紛争に巻き込まれるリスクが激減する。欧州の厳しい安全保障状況のなかで、小国にとって

NATO加盟は喉から手が出るほどの魅力なのだ。

†プーチンが抱く恐怖心

一方のロシアも座視していたわけではない。欧米諸国と取引し、ポーランドなど三カ国が加盟した一九九九年の拡大の際には先進国首脳会議（G7）への部分参加を獲得。二〇〇四年の拡大では、G7への完全参加と、NATOとロシアの協議の場となる「NATOロシア理事会」の設置などの見返りを得た。

しかし、かつてはソ連の一部だったバルト三国のNATO加盟が面白くない事態なのはいうまでもない。ロシアのプーチン大統領は同年四月二日、ドイツのゲアハルト・シュレーダー首相との会談で「NATO拡大に懸念は持っていないが、拡大では（国際テロなど）今起きている脅威を除去できない」と不満を示した。

ロシアの立場からみると、現在、旧ワルシャワ条約機構加盟国のうちバルト三国を除く旧ソ連構成国（ロシア、ベラルーシ、ウクライナ、モルドバなど）を残してほかはすべてNATOに入ってしまった。現在、通常兵力では両者に圧倒的な差がついている。小泉悠の『現代ロシアの軍事戦略』（ちくま新書）によると、NATOの兵力は欧州加盟国だけで約一八五万人とロシア軍の総兵力の倍に達している。

さらにウクライナまでＮＡＴＯに加盟したらどうなるのか。プーチンは二〇二一年一一月三〇日、モスクワの投資フォーラムで、ウクライナにミサイルの発射施設が設置されたら「ミサイルは七〜一〇分でモスクワに達する。極超音速ミサイルなら五分だ。考えるだけでもすごい」と危機感を示した。二〇二二年二月七日のフランスのマクロン大統領との会談後の共同記者会見では、ウクライナがＮＡＴＯに加盟してクリミアの奪回を図れば、「（ＮＡＴＯ加盟国の）フランスはロシアと戦争になる。それを望むのか」と警告。これらの発言はＮＡＴＯの巨大な軍事力へのプーチン氏の恐怖心を示したものとはいえないだろうか。

プーチンが何度となくロシアの核戦力を誇示するのも同じ理由だろう。ロシアのペスコフ大統領報道官は三月二二日、ＣＮＮテレビのインタビューで、プーチンの核兵器使用決断は「わが国の存亡に関わる脅威になれば、ありうる」と述べた。意味深な発言である。プーチンにとっての核使用のレッドラインはどこなのか、見極めは相当難しそうだ。

第三章

中国の台頭と対テロ戦争の時代

G20首脳会合で握手する中国の習近平国家主席（左）とロシアのプーチン大統領。
（2013年9月、サンクトペテルブルク、ロイター＝共同）

1　中国の台頭

†自由貿易を目指して

第二章で国連創設の原点となる「大西洋憲章」について紹介した。米英両国が第二次世界大戦後の世界像の目標を確認したものだが、八項目のうち四番目に「通商の自由」があったのを覚えているだろうか。

これは、世界平和のためには貿易の自由化が必要だという考えに基づいている。米英の指導者たちは、一九二九年の世界大恐慌後、大国が排他的なブロック経済をつくったことが世界経済に悪影響を与え、ドイツや日本が第二次世界大戦を引き起こす原因につながったと考えていた。中川淳司『WTO——貿易自由化を超えて』（岩波新書）によると、米国は一九四一年にはコーデル・ハル国務長官を中心に戦後の国際経済体制の検討を始めていた。中川は、ハルがのちに回想録の中でこのように書いたと紹介している。

私は一九一六年頃に自由な貿易が平和を支え、高い関税、貿易障壁と不公正な経済競争が戦争を導くという信念を抱くようになり、それは一二年にわたる国務長官在職中も変わることがなかった。……貿易の差別と障壁を減らせば他国をうらやむことも減り、すべての国の生活水準が向上する。これこそが永続的な平和をもたらすと私は確信した。（四頁）

自由な交易は人間同士の信頼関係を生むと言われる。自由貿易が進めば、商業が発達し、市場が拡大、社会が平和になるというわけだ。戦後、米国はこの考えを推し進めていくことになる。

†GATTからWTOへ

一九四四年七月に英米など連合国の四五カ国が米ニューハンプシャー州ブレトンウッズで会議を開き、ドルを基軸通貨とした固定為替相場制を採択する。米ドルと各国の通貨の交換比率を一定に保つことによって世界経済を安定させようという狙いだった。いわゆる

「ブレトンウッズ体制」の成立である。一九七一年のニクソンショックまで続き、第二次世界大戦で荒廃した西欧や日本など自由主義諸国の復興を助けた。

ブレトンウッズ会議では、管理通貨制度の下における国際通貨の供給などのため国際通貨基金（IMF）が創設されるが、このときに自由貿易を促進するための国際機関の設置も必要だとの声も上がった。このため、米国は設立されたばかりの国連に国際貿易機関（ITO）の設立準備を委ねる。国連経済社会理事会で作業が進められたが、憲章までできたものの、肝心の米国も含めた多くの国が批准せずに断念された。その代わりとなったのが「関税及び貿易に関する一般協定（GATT）」だ。GATTとは関税や輸出入規制など貿易上の障害を排除し、自由な国際貿易の促進を目的とする国際経済協定のことだ。一九四七年にジュネーブで交渉が始まったときの参加国はわずか二三だった。

完全な自由貿易というのは関税ゼロの貿易だ。実は日本では輸入車の関税は撤廃されており、ゼロだと知っているだろうか。日本は乗用車については世界でもっとも開放されたマーケットなのだ。自由貿易市場の実現にはいかに関税を下げるかが重要だが、どの国でも国内の産業の抵抗は強い。このため各国で話し合い、対象の品目を少しずつ増やし、どうしても難しい品目については例外規定を設けるなどし、まとまったものから協定を結んでいく。この交渉の場がGATTである。

GATTに加盟すれば「最恵国待遇」を受けられる。つまりGATT加盟国はある国に与えるもっとも有利な貿易上の待遇をほかのすべての加盟国にも与えなければならないというルールだ。このため各国は争って加盟を目指したのだが、途中から入る場合はこれまでに結ばれた協定を基本引き受けねばならないので、国内産業との調整や国内法の整備などで簡単ではない。

一九五〇～九〇年代にかけ、GATTは順調に加盟国を増やしていった。一九九五年にGATTを改組して世界貿易機関（WTO）が発足したときには、一二〇を超える国・地域が入っていた。

二〇二二年五月現在、加盟国・地域は一六四。ロシアも二〇一二年に加盟している。国連加盟国中、WTOに加盟していないのはアフリカなどの小国やイランや北朝鮮など約三〇カ国にとどまっている。

†WTO加盟で経済成長を遂げた中国

現在世界第二位の国内総生産（GDP）を誇る中国の加盟は二〇〇一年だ。中国はWT

Oに入ったからこそ経済大国になれたといっても過言ではない。

中国がGATTに加盟を申請したのが一九八六年だ。一九七八年一二月に鄧小平が改革開放路線を決定し、市場経済体制を目指した。このためには自由貿易が必要になる。しかし社会主義経済体制をとってきた国がGATTに加盟するのは容易ではなかった。一九八九年の天安門事件の影響もあり加盟交渉は難航したが、冷戦の終結が救いとなる。魅力的な中国の市場への進出を狙う米クリントン政権も後押しした。そして二〇〇一年、中国はWTOに加盟した。

以降の経済発展は予想以上だった。外資を積極的に呼び込み、安価で豊富な労働力を生かして製品を供給し「世界の工場」となった。WTO加盟に伴い関税を引き下げ、閉鎖的な市場規制を改善した。二〇一三年には上海に初めて自由貿易試験区を設置し、対外開放を拡大した。

中国国家統計局によると、輸出入を合わせた貿易総額は二〇〇一年には五〇九六億ドル(約六六兆円)だったが、二〇二〇年には約九倍の四兆六五五九億ドルとなった。二〇一〇年にはGDPで日本を抜き二位に。二〇三〇年までには世界一位になるとの予想もある。

「中国のWTO加盟以来、六万の工場がなくなった。昨年の貿易赤字は八〇〇〇億ドル近い。われわれは悲劇的な外交政策の失敗を引き継いだ。アメリカ経済のエンジンを再スタートさせねばならない」

ドナルド・トランプ米大統領は二〇一七年二月二八日、就任後初の施政方針演説でこのように述べ、対中貿易不均衡で米国が多大な損失を被っており、是正が必要だと訴えた。トランプ政権は、二〇一八年春から中国製品に相次いで追加関税を課し、反発した中国は報復、米中貿易摩擦が深刻化した。

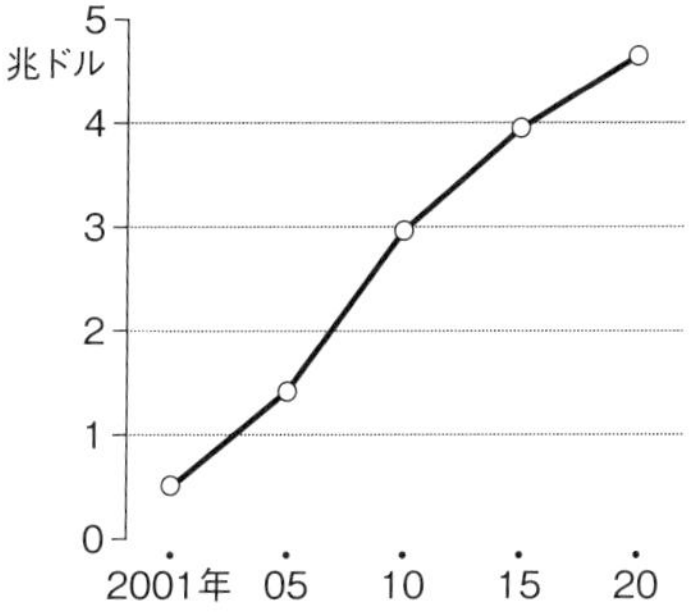

中国貿易額の推移
中国国家統計局データより作成

中国は「WTO加盟によるおいしいところだけをとり、加盟に伴う義務を守っていない」。当時、WTOで取材していると米外交官は口をそろえた。米外交官の言い分は、中国には不公正な貿易慣行が残っており、WTOルール違反だということだ。

†世界最大の発展途上国

WTOでは自由貿易実現のため、政府の経済活動への介入は最低限に抑えるのが原則だ。

二〇一八年七月のＷＴＯの中国を対象にした貿易政策審査報告書は、国有企業への支援や外国企業の参入規制など中国政府の経済活動への介入が続いており、市場は閉鎖的な状態にあるとしている。農産物や鉱産物の取引を国有企業が担い、価格統制も行われるなど「政府が経済に深く関与している」とも指摘する。先進技術や知的集積産業、漁業などには政府が補助金を出しているが、当局が情報を十分に出しておらず、実態は不明だとする。このほか外国企業の参入や知的財産権侵害でも問題点があると強調した。

二〇二一年一〇月の対中貿易政策審査会合でも米国が、中国は国有企業に対する優遇措置を続けていると非難したが、中国商務省の王受文次官は「ＷＴＯのルールを超えて義務を履行していないというのは不適切だ」と反論した。

中国がＷＴＯで「発展途上国」として優遇措置を受けていることにも不満の声が強いが、中国は「世界最大の発展途上国だ」と言ってはばからない。国連では途上国であるほうが有利な点が多いとはいえ、それだけの理由で中国がその地位に固執しているわけではない。なぜ中国が途上国であり続けたいのかは後述したい。

国連機関に加盟することで利益を得ながら、国際ルールに従わないのは中国やロシアに共通する悪弊といってよい。背景には米欧主導でつくられたルールへの反発がある。この反発が国際秩序を揺さぶる要因となっているといえよう。

2　一時の中ロ―英米仏協調

†北朝鮮核問題への協調対応

中国は順調に経済成長をとげ、二〇〇八年には北京五輪も成功させた。国際社会での存在感が高まるなか、これから世界規模の課題に取り組むのは米中であり、米中二極の「G2」時代が到来したともいわれるようになる。

そうしたなかで、北朝鮮が相次いで核実験を実施した。この時期の安保理は、米中協調の時期といえる。二〇〇六年に北朝鮮制裁の議論が行われ、初の制裁決議の採択に成功した。米中協調により安保理が機能した例としてみたい。

現在も、ロシアのウクライナ侵攻に呼応するかのように北朝鮮が挑発行為を繰り返している。二〇二二年二月二七日、三月五日には新型大陸間弾道ミサイル（ＩＣＢＭ）を性能を抑えて発射。三月二四日に発射したＩＣＢＭは日本の排他的経済水域（ＥＥＺ）内に落下した。北朝鮮の最高指導者、金正恩総書記はＣＮＮをチェックするなど国際情勢にも気を配っているといわれ、ウクライナが核を持っていないからロシアに侵攻されたのだと理屈付け、自国の核保有を正当化し、今後、核・ミサイル開発を加速させる可能性は高いだろう。

ここで簡単に北朝鮮の核問題を振り返りたい。北朝鮮に核兵器開発疑惑が持ち上がったのは一九九三年だ。北朝鮮は一九八六年から、エネルギー開発を理由に寧辺で原爆の材料となるプルトニウムが取り出しやすい黒鉛炉の建設などを進めていた。これについて国際原子力機関（ＩＡＥＡ）に関連情報の提供を拒み、査察も拒否したことで事態がエスカレートする。第一次核危機だ。クリントン米政権は一時は核施設の空爆まで検討するが、最終的に米朝交渉で一九九四年にジュネーブ枠組み合意が結ばれる。日韓米が軽水炉や重油などを提供し、北朝鮮はその代償に黒鉛炉開発を凍結するという内容だ。

しかし次のジョージ・ブッシュ米政権下、二〇〇二年一〇月に北朝鮮がひそかにウラン濃縮計画を進めていたことが発覚。ジュネーブ枠組み合意の履行は中断される。非難を強

六カ国協議が行われた北京にて、握手する各国の代表者たち。（2003年8月27日、共同通信）

める米国に反発した北朝鮮は核拡散防止条約（NPT）からの脱退を宣言し、同年一二月にはIAEAの査察官を核施設から追い出した。第二次核危機である。

事態打開を図ったブッシュは直接交渉はせずに、北朝鮮に日中韓ロを加えた六カ国協議を立ち上げる。六カ国協議の立ち上げでは、中国が主導的な役割を果たした。「北朝鮮は信用できない」と多国間協議を望むブッシュに対し、もともと米国との直接交渉を望んでいた北朝鮮は難色を示したが、中国が北朝鮮を説得。さらに参加を望んだロシアも巻き込み、二〇〇三年八月に第一回六カ国協議を実現した。このため協議の議長役は中国が務めた。米中協力がうまくいった例といえよう。

米国には安保理の常任理事国である中国、ロシアを巻き込むことで安保理での北朝鮮問題の協議を進めやすくする思惑があったとされ、以降、北朝鮮核問題での安保理決議には六カ国協議への支持が盛り込まれることになる。

しかし米政府の金融制裁に反発した北朝鮮は、二〇〇六年一〇月に初の核実験を強行。国連安全保障理事会で制裁決議が採択された。六カ国協議ではいったん北朝鮮の非核化とすべての核計画申告で合意し、米が見返りに北朝鮮のテロ支援国家指定を解除した。しかしその後、非核化の検証方法で対立し、二〇〇八年一二月の首席代表会合以降、中断したままだ。

†中国が折れず議長声明に

二〇〇九年にバラク・オバマ米大統領が就任したときはこうした情勢だった。北朝鮮の目はつねに米国を見ている。黒人初の大統領として国際協調に積極的なオバマは、大胆な外交政策に乗り出すとみられていた。北朝鮮が得意の「瀬戸際政策」でオバマの目を引きつけようとするのは自明の展開だった。

筆者はこのころ、ニューヨークで国連を担当する記者だった。当時はリーマン・ショック後の不況下で、ニューヨークの街も火が消えたようになっており、中国人だけが元気に街を闊歩していた。中国国営の新華社通信がニューヨーク支局を拡充し、オフィスを繁華街タイムズ・スクエアに移したのはこの翌年だ。

安保理でも現在のように米中双方がいたずらに非難の応酬をするのではなく、協議したうえで落としどころを探ろうという感じだった。

二〇〇六年の核実験後に安保理が採択した決議は、北朝鮮の核・ミサイル開発を巡る「ヒト、カネ、モノ」の流れを阻止することを狙ったものだった。開発に必要な原材料や機械類を禁輸し、関係した団体や個人に資産凍結や渡航禁止措置を科し、身動きをとれないようにしようとした。この後の追加制裁は、これらの対象を拡大しているだけだ。制裁はまた北朝鮮に弾道ミサイル開発を禁じていた。このため、次に弾道ミサイルを発射すれば決議違反として追加制裁を科すというのが日米韓のスタンスだった。

しかし二〇〇九年二月、北朝鮮は実験用通信衛星の打ち上げを予告。度重なる警告にもかかわらず、四月五日、長距離弾道ミサイルを発射した。一月から非常任理事国になった日本がただちに安保理招集を要請。翌日開かれた緊急会合で日米は、発射は安保理決議の

「明確な違反」とし、新たな決議の採択が必要と主張した。これに対し、中国の張業遂国連大使は「(対応は)慎重でバランスの取れたものであるべきだ」と指摘し、決議案提示の動きを牽制、ロシアも同調した。非常任理事国のリビア、ベトナムも「人工衛星打ち上げなら決議違反にはあたらない可能性もある」との見解を示した。

日本は米国とともに制裁強化を柱とする新決議案を手に五常任理事国(P5)との協議に臨むが、中国は首を縦に振らなかった。格下の議長声明にすべきとの声も上がりだしたが、安保理の決定で拘束力を持つのは唯一決議だけだ。日本はこだわり、制裁の内容を犠牲にしても決議にすべきだと中国と直接交渉に臨むが、中国は折れなかった。詳細は不明だが、ミャンマー問題を取引材料にしたともいわれた。最終的に米中の話し合いで四月一三日、ミサイル発射を非難する議長声明が採択された。

†はしごを外された日本

交渉の経過をつぶさにみていた筆者には、日本が米国にはしごを外されたように思えた。米が大量の米国債を保有する中国に配慮したのだとの情報もあった。「日本外交の敗北」との解説記事を書き、配信されたが、日本の国連代表部の外交官から「外務大臣が気を悪くしている。少しこちらの立場もわかってくれ」と抗議とも要請ともいえない申し入れも受けた。

取材していて驚いたのは韓国の情報力だった。当時、安保理の非常任理事国ではなかったが、知り合いの外交官は一連の協議の流れをほとんどすべて把握していた。日本とのパイプも持っていたが、どちらかといえば米国や中国から情報を得ているようだった。後になって、その外交官から「今回のようにP5内で対立があるような場合は、コーディネーター（調整役）がいるんだ。だいたい英国かフランスの外交官が務める。決議や声明の文面を調整するのも彼らだ。今回は早い段階から議長声明になることがほぼ決まっていたんだ」と聞かされ、ショックを受けた、P5の中でも国連創設時からのメンバーである米英仏をP3というが、その力を見せつけられた気がした。

同年五月の二回目の核実験では制裁強化を盛り込んだ決議にすることは決まったものの、追加制裁の内容で意見がまとまらず、新たな決議を出すのに約二週間かかった。追加制裁の内容は、最終的には米中が直接交渉で決めたといわれた。当時、米代表部前を張っていると、スーザン・ライス米国連大使が車で中国代表部に出かけるのを何度も見かけた。中国が相当の強硬姿勢に出ているといわれていたが、そのときのライスのなんともいえない不愉快げな表情は忘れられない。

この後、北朝鮮は二〇一三年二月に三回目、二〇一六年一月に四回目、二〇一六年九月に五回目、二〇一七年九月に六回目の核実験を行い、安保理はそのたびに決議を採択し、制裁を強化していく。今では北朝鮮は外国との金融取引を禁止され、航空機・ロケット燃料、石炭、鉄鉱石、鉛も禁輸、船舶の出入りや航空機離発着もかなり制限されている。

しかし二〇二二年五月二六日、安保理は、北朝鮮による長距離弾道ミサイル発射を受け米国が提出した制裁強化決議案について、中国とロシアの拒否権行使で否決した。北朝鮮の核・ミサイル開発を巡る制裁決議案の否決は二〇〇六年に最初の制裁決議が採択されてから初めてとなり、安保理の機能不全が改めて露呈する形となった。

†対テロ戦争と国連

北朝鮮の核問題を巡る対応からわかるように、冷戦後しばらくは、中国とロシアは国際協調路線を取っていた。それがなぜ米欧と対立するようになったのか。最大の要因は中ロが経済力をつけ自信を持ったことだが、米国が二〇〇三年に始まったイラク戦争を、国際社会を無視する強引な手法で開戦に持ち込んだことの影響は少なくない。大国ならごり押

2001年	9月11日	米中枢同時テロ発生
	9月12日	国連総会でテロ攻撃に対する国際協力を行う決議
		安保理でテロに対してあらゆる手段を用いて戦うとする決議
	10月	アルカイダのビンラディンを匿っているとしてアフガニスタンを攻撃
	12月	アフガニスタン・タリバン政権崩壊
		安保理決議により、アフガニスタンの治安維持を行う国際治安支援部隊（ISAF）設立
2002年	1月	米がイラン、イラク、北朝鮮を「悪の枢軸」と批判
	9月	国連監視検証査察委員会（UNMOVIC）と国際原子力機関（IAEA）とイラク政府が、大量破壊兵器査察再開に向け協議
	11月	イラク査察再開
2003年	1月	UNMOVICとIAEA、イラクが大量破壊兵器を開発している証拠はないと安保理に中間報告
	2月	米英などが対イラク武力行使容認決議案を安保理に提出。仏独ロが査察強化案を提出
	3月17日	米英などが対イラク武力行使容認決議案を取り下げ
	3月20日	イラクに大量破壊兵器があるとし、米英などの多国籍軍がイラクを攻撃
		仏独ロ中などが対イラク攻撃について批判
	4月	イラク・フセイン政権崩壊。大量破壊兵器見つからず
2004年	9月	国連事務総長が、イラク戦争は国連憲章上違法と発言
2006年	5月	イラク・マリキ政権発足
2011年	5月	米軍がビンラディンを殺害
	12月	イラク戦争の終結を宣言
2014年		ISAF終了

対テロ戦争と国連

しをしてもいいのだと悪い見本を見せたといえるからだ。イラク戦争はどのように始まったのか。

二〇〇二年一〇月一日夕、オーストリア・ウィーンにある国連ビル一階の大ホールには大勢の記者が詰めかけていた。国連監視検証査察委員会（UNMOVIC）のハンス・ブリクス委員長、IAEAのモハメド・エルバラダイ事務局長、それにイラクのアル・サディ大統領科学顧問の記者会見が予定されていたのだ。欧州中部の山国オーストリアでは秋の訪れは早く、一〇月に入ると最低気温は五度を下回る日も多い。暖房もつかない大ホールで、身震いしながらブリクスらが出てくるのを待っていた記憶がある。

当時、世界は対テロ戦争の真っただ中だった。二〇〇一年九月一一日に米中枢同時テロが発生。ブッシュ米政権は、首謀者の国際テロ組織アルカイダのウサマ・ビンラディンをかくまったとして、アフガニスタンのタリバン政権に引き渡しを要求した。それに応じないとして、一〇月七日に攻撃を開始。タリバン政権は約二カ月後に崩壊する。しかしビンラディンは健在で、アルカイダの残党が報復として各地でテロを起こしていた。

ブッシュ大統領は二〇〇二年一月二九日の一般教書演説で、テロ支援国家として北朝鮮、イラン、イラクを「悪の枢軸」と名指しで非難した。米が次にどこを攻撃するのか世界中が注目していた。米は、イラク・フセイン政権が一九九一年の湾岸戦争後も大量破壊兵器を放棄せずに、国連の査察にも十分に応じていないと指摘。慌てたイラクは査察を無条件で受諾した。このため、国連とイラク政府は九月三〇日から査察再開に向けた実務協議を二日間の日程で行っていたのだ。

協議の結果、イラクは、大統領宮殿など八施設を除いたすべての施設の無条件、無制限での査察を受け入れ、一九九八年六月から二〇〇二年七月の核関連施設などの情報を収めた四枚のCD－ROMを国連側に提出した。ブリクスは記者会見で、CD－ROM提出を「(査察再開に当たり)極めて重要な情報だ」と評価した。

†武力行使の正当化

対テロ戦争は国連を含め世界中の支持を受けていた。安保理は米中枢同時テロ発生の翌日にテロを「国際の平和及び安全に対する脅威」と認め、テロに対しあらゆる方法で闘うことを決意するとの決議を全会一致で採択する。決議には「国連憲章に基づき個別的・集団的自衛権を認識」と明記されていた。

「集団的自衛権」とは何だろうか。
まず「個別的自衛権」は、攻撃を受けた国が自国の防衛のために武力行使する権利である。集団的自衛権とは国連憲章第五一条によって初めて定められた、その国と密接な関係にあるほかの国が共同して自衛行動をとることを認めた権利のことだ。

第五一条
この憲章のいかなる規定も、国際連合加盟国に対して武力攻撃が発生した場合には、安全保障理事会が国際の平和及び安全の維持に必要な措置をとるまでの間、個別的又は集団的自衛の固有の権利を害するものではない。この自衛権の行使に当って加盟国がとった措置は、直ちに安全保障理事会に報告しなければならない。また、この措置は、安全保障理事会が国際の平和及び安全の維持又は回復のために必要と認める行動をいつでもとるこの憲章に基く権能及び責任に対しては、いかなる影響も及ぼすものではない。

条文をよく読むと、安保理が「国際の平和及び安全の維持に必要な措置をとるまでの間」とも書かれている。もともとは国連憲章第四二条に定めた安保理による武力行使が決まるまでのつなぎとして認めますよということなのだ。しかし国連軍構想自体が「画餅」となり、国連憲章下の集団的自衛権は大国の武力行使の大義名分として使われることが増えていた。米もまた集団的自衛権を旗印に、英国などと有志国軍を編成、アフガニスタン戦争、イラク戦争を戦っていく。

イラクへの攻撃を考えていた米が目をつけたのが、大量破壊兵器保有疑惑だった。大量破壊兵器とは大規模な殺傷・破壊能力を持つ兵器のことで、一般には核兵器、化学兵器、生物兵器を指す。たしかにイラクは一九七〇年代に核開発を進めていたことがあるが、建設中の原発をイスラエルに攻撃されいったんは断念した。しかし亡命した科学者の証言で、ウラン濃縮計画を進めていたことが明るみに出る。化学兵器についてはイラン・イラク戦争でマスタードガスなどを使用し、神経剤のサリンなども保有していた。生物兵器も炭疽菌やボツリヌス毒素などを開発していた。

イラクにとって不利だったのは、湾岸戦争後にこうした大量破壊兵器の廃棄を約束し、検証のための国連の査察を受け入れたものの、大統領宮殿への立ち入りを認めないなど協力的でなく査察が中断していたことだった。まずはこの査察を再開し、まだ大量破壊兵器を隠し持っているかどうかを確認せねばならない。このためには新たな安保理決議が必要だった。米国はこの査察に米国が深く関与できるよう求めていた。

†「国連とは安保理で、安保理とは米国だ」

エルバラダイの回想録『The Age of Deception（欺瞞《ぎまん》の時代）』によると、ブリクスとエルバラダイは二〇〇二年一〇月初めに米国務省に招かれ、パウエル国務長官、コンドリーザ・ライス大統領補佐官（安全保障担当）、ポール・ウォルフォウィッツ国防副長官らと会合を持つ。ウォルフォウィッツは外交でも米国の価値観を前面に打ち出す新保守主義（ネオコン）の代表的な論客だ。

査察団の情報の責任者に米国人を入れよなどと、査察の方法に注文をつけるパウエルらに、ブリクスは「米国の作戦のお飾りとして動くことはできません」と反論する。これに対し、ライスは「国連憲章とは安保理でのP5の主要な役割と責任の上に成り立っている。米国が危機にさらされているのです。その安全を守るために必要なあらゆる手段が取れるはずです」と言い返す。エルバラダイはライスが「国連とは安保理で、安保理とは米国だ」と言いたかったのだろうと冷ややかに書いている。

二〇〇五年にノーベル平和賞を受けたエルバラダイはエジプトの外交官出身で、国際法の専門家だ。一九九七年一二月にIAEAの事務局長に就任し、当時は二期目を務めていた。このにちイラン核問題をめぐっても米国と対立し、ウィーンの執務室に盗聴器まで仕掛けられた。ブリクスはスウェーデンの外交官で、エルバラダイの前任のIAEA事務局長を務めた後、引退生活に入ろうとしているところをUNMOVICのトップに担ぎ出された。どちらも米国など大国の圧力に屈しない気骨ある人物だったが、当時のブッシュ政権からは嫌われた。

結局、安保理は二〇〇二年一一月八日、イラクに大量破壊兵器の査察の全面受け入れを求める決議を採択し、同二七日には査察が再開された。

この後は、攻撃を開始したい米英側と、平和に向け査察継続を求める国連側の激しい駆け引きとなる。

一二月七日にはイラクが大量破壊兵器に関する申告書を提出したが、パウエルは「正確かつ完全ではない」と指摘し、安保理決議への「重大な違反」であるとした。二〇〇三年一月九日に国連査察団は安保理への中間報告を行い、これまでの査察では「(大量破壊兵器開発の)決定的な証拠は見つかっていない」と主張する一方、イラクの申告書には「非常に多くの疑問点」が残されていると査察継続を求めた。同月二七日には最終報告も提出したが、状況に変化はなかった。

ここで米は起死回生策に出る。二月五日の安保理の外相会合にパウエルが出席し、証拠隠しや国連査察団への妨害などイラクの組織的な隠蔽工作があるとの機密情報を示したのだ。

「イラクは武装解除の努力を何らしておらず、兵器隠匿を否定しようもない証拠がある」

パウエルによる、イラク共和国防衛隊の幹部間で交わされた大量破壊兵器を隠すための交信記録や偵察衛星写真の開示に、各国外交団は息をのんだ。

米は外交現場におけるこの手の劇的な演出を得意とする。もっとも有名なのが一九六二年、キューバ危機の際の安保理協議だ。

「私はこの部屋で証拠をお見せする用意がある」

同年一〇月二五日、アドレー・スティーブンソン米国連大使が二六枚の航空写真を公開した。ソ連がキューバにミサイル基地を建設しているとの「動かぬ証拠」だった。ミサイル搬入を否定し、証拠はあるのかというソ連の国連大使に、スティーブンソンは否定し続けるつもりなのかと問い詰め、「イエスかノーか。（ロシア語の）通訳を待つ必要はない。

イエスかノーかだ」と迫った。ソ連大使は「私は米国の法廷にいるのではない」と返したが、スティーブンソンは「国際世論の法廷にいるのだ」と述べて写真を公開。安保理の空気は一気に米優勢に変わった。

しかし今回はキューバ危機のときのような「smoking gun（動かぬ証拠）」ではなく、状況証拠ばかりだった。フランス、ドイツ、ロシアなどから査察の継続を求める声が強まるなか、二月二四日に米英などは安保理にイラクへの武力行使の容認を求める決議案を提出したものの三月一七日には賛成多数を得られないとみて取り下げ、三日後に開戦に踏み切った。

米が国連を自国の政策遂行の「道具」にしか見ていない姿勢は明確となり、安保理はその存在意義を問われることになる。

3 「新冷戦」時代へ

†自信つけた中ロ

前節では冷戦後の安保理の動きをみた。北朝鮮の核問題では中ロが米欧と意見の相違はありながらも制裁の決定に関わって安保理を機能させたし、対テロ戦争ではロシアがフランス、ドイツなどとともにイラクを攻撃しようとした米国を止めようとした。むしろ国連を事実上無視し、戦争に突き進んだのは米国だった。このことは特筆しておいてもいいのではないだろうか。国連を利用するだけ利用し、都合が悪くなると顧みなくてもかまわないという先例を中ロに教えたともいえるからだ。

しかし中ロの国際協調姿勢は長く続かなかった。世界は二〇一〇年ごろから「新冷戦」に入ったといわれる。経済発展を遂げ自信をつけた中ロが、米欧主導の国際秩序に対抗する姿勢を鮮明にし始めたのだ。

中ロともこのころに現在の専制主義体制の基礎ができている。

中国では二〇一二年一一月に習近平が最高指導者である共産党中央委員会の総書記に就任し、長期支配体制を築くことになる。

翌年には国家主席となった習近平が、中国を拠点に海・陸のルートで現代版シルクロード構築を目指す広域経済圏構想「一帯一路」を提唱した。一帯一路とは、ユーラシア大陸を陸上と海上ルートで結びつけるべく、アジア、欧州、アフリカ諸国でのインフラ建設を中国の投資や支援で進めようという雄大な構想で、二〇一五年には「アジアインフラ投資銀行」も設立された。アジア・アフリカ諸国はチャイナ・マネー目当てに雪崩を打って一帯一路に参加を表明。英国、ドイツ、フランス、イタリアの欧州四カ国まで参加を決めた。中国は新たな国際秩序形成に向け名乗りを上げ、一定の賛同を集めたといってもよいだろう。

ロシアではプーチン大統領が権力基盤を固めていた。支えとなったのは原油や天然ガス開発の成功だ。原油価格高騰にも助けられた。エリツィン政権下、プーチンが首相に就任した一九九九年には一バレル＝一〇〜二〇ドルだったが、大統領をつとめた二〇〇〇〜二〇〇八年に上昇が続き、二〇〇八年には一バレル＝一〇〇ドルを突破。ロシアは毎年六〜

七%台の経済成長が続いた。

この間、北大西洋条約機構(NATO)は東方拡大を進めるが、プーチンは歯を食いしばりながらソ連崩壊後混乱の極みにあった経済の立て直しに専念する。東方拡大の見返りとして欧米諸国から経済支援も獲得し、先進七カ国首脳会議(G7)にも参加が認められ、G7は一九九八年からは主要八カ国首脳会議(G8)となった。一方、大統領二期目にはロシア・チェチェン共和国の独立派や国内の反対派を強権的な手法で弾圧するなどして批判も受けた。

プーチンはこの後、大統領は二期までとの憲法の規定に従い退任。首相となった後、二〇一二年に再び大統領の座に就く。ロシアは専制主義体制になりつつあった。

†クリミア併合とシリア内戦

国際的にこのことを強く印象づけたのが二〇一四年のウクライナ南部のクリミア半島強制編入と、二〇一五年のシリア内戦への介入だ。

クリミア半島併合は電撃的だった。きっかけは、二〇一四年にウクライナで親ロシア派のビクトル・ヤヌコビッチ政権が反政府運動で倒されたことだ。親欧米派に反発するクリミア半島の親ロシア派が蜂起するとロシアはただちに空挺部隊などを派遣し、瞬く間に議会や政府庁舎、空港などを占拠。住民投票を実施し、九割の賛成を得てロシアに編入してしまったのである。ドンバス地域といわれるウクライナ東部のルガンスク、ドネツク両州でも親ロ派が両州の一部を実効支配し、ウクライナ軍と戦闘、内戦状態に突入した。

P5の一国による露骨な主権・領土侵害に対し、欧米諸国は相次いで対ロ制裁を打ち出し、ロシアはG8からも排除された。このとき、安倍政権はプーチン政権との日ロ平和条約交渉への影響を恐れ、弱い制裁措置しかとらず批判を浴びる。

一方、安保理は動けなかった。ウクライナが住民投票の結果を無効とするよう求める決議案は、ロシアの拒否権で葬られた。中国も棄権する。国連での中ロの連携も深まりつつあった。

ロシアが次に切ったカードが、二〇一五年のシリア内戦への介入だった。名目はシリアで勢力を拡大していた過激派組織「イスラム国」排除だったが、真の目的は、シリアでの権益と影響力確保とも、クリミア併合から国際社会の関心をそらすことだったともいわれる。

中東民主化運動「アラブの春」が波及し、アサド政権への反政府デモをきっかけとした内戦は二〇一二年ごろから本格化するが、イランやトルコ、サウジアラビア、米国やフランスなどがさまざまな思惑で介入、泥沼に陥っていた。ロシアも加わったことでいっそう混迷の度が深まり、現在も完全な停戦には至っていない。

内戦ではアサド政権による反体制派住民への人権侵害や化学兵器などの非人道兵器の使用なども報告されたが、国際社会は有効な対応策が取れなかった。安保理には化学兵器使用を非難する決議案やアサド政権関係者への制裁決議案などが欧米諸国から提出されたが、いずれもロシアが拒否権でブロックしたためだ。中国も何度かロシアに同調して拒否権を行使した。シリア内戦に絡んだ決議案でロシアによる拒否権行使は一〇回を超えている。

このころには安保理は紛争解決においては完全な機能不全に陥り、その状態が改善されないまま二〇二二年二月二四日のウクライナ侵攻を迎えることになる。

†コロナで見えた中国の影響力

「新冷戦」と呼ばれるような情勢下で、国連で顕著になったのが中国の影響力拡大だ。国際社会はその現実を、二〇一九年末から始まった新型コロナウイルス流行で目の当たりにすることになった。

新型コロナウイルスは中国・武漢で発生し、中国から拡大が始まった。未知のウイルスはパンデミック（世界的大流行）を引き起こすのか、各国が感染症対策の総本山である世界保健機関（WHO）の対応を見守った。

WHOは、二〇二〇年一月二二、二三日の委員会では緊急事態宣言を発令する段階ではないとした。テドロス・アダノム事務局長が二八日に北京を訪問し、中国の習近平国家主席と会談したものの、ここでは中国の対応を称賛し、厳しい警告などはしなかった。習近平は緊急事態宣言発令について「WHOが客観的に状況を評価すると信じる」と慎重な対応を求めた。緊急事態宣言が出され、各国が渡航制限などに踏み切った場合の経済への影響を恐れたといわれる。WHOは三〇日の委員会でようやく緊急事態宣言を出したものの、渡航制限勧告は見送った。この時点で世界の感染者数は中国を中心に一万人に迫り、死者は二〇〇人を超えていた。人から人への感染も中国にとどまらず、日本などでも起きていた。この後、新型コロナが世界的に急拡大し、多くの死者を出したのはいうまでもない。

WHOの対応に不満の声が強まった。米国のトランプ大統領は三月二五日の記者会見で、WHOは「非常に中国寄りだ」と批判。四月一四日にはWHOへの資金拠出を一時停止するよう指示したと明らかにした。このころ、米は世界最大の感染地となり、批判の矛先をそらす狙いがあるとはいえ、テドロスの対応を「不公平で、中立性を欠く」と考えた人は多く、ネット上ではテドロスの解任を求める署名活動まで行われた。

†WHO事務局長選挙の行方を決めたG77

テドロスは中国になぜ遠慮するのか？　中国はWHOでそれほどの力を持っているのか？

答えはイエスだ。

話はテドロスが当選した二〇一七年五月の事務局長選にさかのぼる。

WHOは保健や公衆衛生を担当する国連の専門機関で、トップである事務局長には医師や公衆衛生の専門家が就くことが多く、テドロスの前任のマーガレット・チャンは香港出身の医師だった。執行理事会（三四カ国）の選挙で選ばれてきたが、「事実上、大国が密室で決めている」との批判が強まり、二〇一七年の選挙から一九四全加盟国参加の選挙で選ばれることになった。六人が立候補したが、一月の執行理事会での投票でエボラ出血熱対策の国連事務総長特使を務めた英医師デービッド・ナバロ、エチオピアの元保健相で外相も務めたテドロス、パキスタンの女性心臓専門医サニア・ニシュターの三人に絞られた。

当時、ジュネーブ特派員だった筆者は、国連での知名度の高いナバロが有利と聞き、ちょうどスイスのダボス会議に参加していたナバロにインタビューの機会を得た。ナバロは国連の「持続可能な開発目標（SDGs）」担当の事務総長特別顧問をしており、どの目標がもっとも重要かと尋ねると「SDGsはタペストリーのようにそれぞれの目標が相互に絡み合ってできている。個人的には保健に関する目標が重要だと思っている」と話した。「WHOの事務局長選で優勢だといわれてますよね」と言うと、嬉しそうだったのを覚えている。

選挙は激戦となったが、最終的にテドロスが当選した。約五〇カ国からなるアフリカ連合（AU）の支援が決め手になったが、当時いわれていたのは、七七カ国グループ（G77）が支持に回ったのが大きかったということだった。

G77は途上国を中心とする国連内のグループで、国連総会の「最大会派」といわれる。現在加盟国・地域は一三四まで拡大。中国はこのG77の事実上の領袖であり、G77が支援したとなると、中国がテドロスの「後見」についたことになる。米がストップしたWHOへの拠出金も中国が一部カバーしたとされるし、これほどの批判を受けながらも二〇二二年五月にはテドロスが再選されたことも、中国が背後にいると考えると理解しやすい。

†国連総会で増す中国の「数の力」

この例からわかるように、国連では安保理の機能不全が続くなか、数の力が重要になっている。その象徴が国連総会だ。とくに最近、グローバルなテーマでは総会が存在感を増している。二〇三〇年までの国連の行動計画であるSDGsは二〇一五年九月の総会で全会一致で決まったし、核兵器禁止条約も二〇一七年七月に総会で採択された。二〇〇六年に発足した人権理事会は総会の下部組織だ。安保理と異なり、決議に法的拘束力はないが、いずれも重要なテーマであることはわかるだろう。ロシアのウクライナ侵攻でも安保理がロシアの拒否権で動けなくなった後、総会が「平和のための結集会議」と呼ばれる特別会合を開き、対ロ非難決議を採択している。

P5が支配する安保理と異なり、総会は多数決の世界だ。過半数や三分の二の票を集めれば決議は通る。こうなると重要なのは数の力だ。ともに一〇〇カ国以上が結束するG77と非同盟諸国（NAM）の持つ力は大きい。

G77は一九六四年の第一回国連貿易開発会議（UNCTAD）に合わせ、共同宣言を出した七七カ国のグループだ。経済と開発分野で途上国の意見を調整し、先進国と交渉して

名称	概要	設立年	加盟国・地域	主な加盟国
G77 77カ国グループ	発展途上国のグループ	1964年	134	中国、インド、サウジアラビアなど
NAM 非同盟諸国	中立主義、非同盟主義のグループ	1961年	120	インド、インドネシア、イランなど（中国はオブザーバー）

G77とNAM

きたが、米欧主導の決議案の審議などでは異議を唱えることがよくある。

冷戦下、東西どちらの陣営にもつかなかったインドやインドネシア、エジプトなどが結成したNAMも、冷戦後は南北問題に目を向けて国連で活動を続け、一二〇カ国・地域が加盟する一大勢力になっている。中国はNAMのオブザーバー国だが、関係は深い。NAMには核兵器禁止条約の推進国が多いが、中国はNAMへの配慮から条約の制定交渉に参加を検討したほどだ。

中国はこのG77やNAMでの政治力を背景に、一〇年ほど前から国連専門機関でのトップ人事を制してきた。国連専門機関は一五あるが、二〇二一年には国連食糧農業機関（FAO）、国連工業開発機関（UNIDO）、国際電気通信連合（ITU）、国際民間航空機関（ICAO）のトップを中国人が占めた（二〇二二年四月現在はFAOとITUのみ）。

WHOのテドロスのように中国が後ろ盾になっているトップもおり、中国がかなりの影響力を持っているといってもかまわないだろう。

中国は途上国の支持があるからこそ国連で力を発揮できる。自国を「世界最大の発展途上国」といってはばからない理由はまさにここにあるのだ。

第四章

核兵器と五大国

2017年7月に核兵器禁止条約が採択された。原爆ドームの前で、採択を歓迎する集会に参加する人々。(2017年7月9日、広島、共同通信社)

1　ロシアは核兵器を使うのか

†プーチンは核のボタンを押すか？

ロシアによるウクライナ侵攻は、世界が核兵器の脅威にさらされている現実を改めて思い起こさせるものとなった。

ロシアのプーチン大統領は侵攻の二週間前、二〇二二年二月七日にモスクワ・クレムリンでフランスのマクロン大統領と会談。その後の記者会見で「ロシアは核保有国だ。その戦争に勝者はいない」と警告した。核兵器を使うと明確に言ったわけではないが、核保有国、ロシアとの戦争は壊滅的な結果を招くとの意味にとれる。

核保有国の指導者が核兵器使用について発言することはほとんどない。核は使わなくても持っているだけで抑止力となる兵器だ。イスラエルのように持っているかどうかを明言しない、公然の秘密とするのが一番効果的な方法といわれる。国際政治の舞台で暴言を繰り返したトランプ前米大統領でさえ、公開の場では触れなかった。中国とロシアに対して「軍拡を続けるならこちらも核兵器を増産する」と脅したことがある程度だ。国際政治のうえではそれほどセンシティブな問題といえる。

しかもプーチンは発言を裏付けるような行動に出る。

ロシアとウクライナの隣国であるベラルーシで同月一〇日から二〇日まで行われた合同演習に、核ミサイル部隊を動員したのだ。戦闘機や地対空ミサイル、移動式防空システムなどが参加し、北大西洋条約機構（NATO）は演習に参加したロシア軍部隊の規模を約三万人と推定している。プーチンはこのとき、ベラルーシのアレクサンドル・ルカシェンコ大統領と一緒にモスクワの大統領府で演習を視察している。自らの「ロシアは核保有国だ」との発言を証明する行動に出たわけだ。

軍事演習は基本的に戦力の誇示のために行われる。軍艦にせよ航空機、陸軍部隊にせよ本格的に動かすには多額の費用がかかる。兵の訓練のためだけに大規模な演習をするのはコストパフォーマンスがよいとはいえない。米軍が東シナ海や日本海で空母を動員して演習を行うのは、北朝鮮や中国への示威行為にほかならない。

ロシアは実際に核ミサイル部隊を持ち、それが使える状態にあるとNATO諸国に示したかったのだ。プーチンは侵攻当日の演説でも改めてその主張を繰り返した。「ソ連が解体され、その能力の大部分を失った後も、ロシアは核保有国の一つだ。われわれに攻撃を直接加えれば、敗北は免れず、不幸な結果となる」

ウクライナに欧米が介入すれば核戦力行使もありうると示唆する発言だといってよいだろう。その三日後にはショイグ国防相らに対し「NATO側から攻撃的な発言が行われている」と述べ、核抑止力部隊に高い警戒態勢に移行するよう命じた。核抑止力というと防衛的な部隊のようだが、実態はまったく異なり、核弾頭を備えた戦闘機やミサイルを持つ部隊なのだ。こうなると恫喝ともいえる。ロシアがウクライナで核兵器を使った場合に直接被害が及ぶ恐れのある欧州だけでなく、世界中が衝撃を受けた。

日本は史上初めて米国により原爆を落とされ、その後もビキニ環礁で米国が行った水爆実験でマグロ漁船「第五福竜丸」が被曝した記憶があるせいか、米国が世界最大の核兵器保有国だと思っている人が多いと思うが、現在、核兵器をもっとも多く持っている国はロシアだ。

核兵器を中心とする軍縮の研究で知られる「ストックホルム国際平和研究所（SIPRI）」の推計値によると、二〇二二年の国別の核弾頭保有数はロシアが六二五五発で一位、

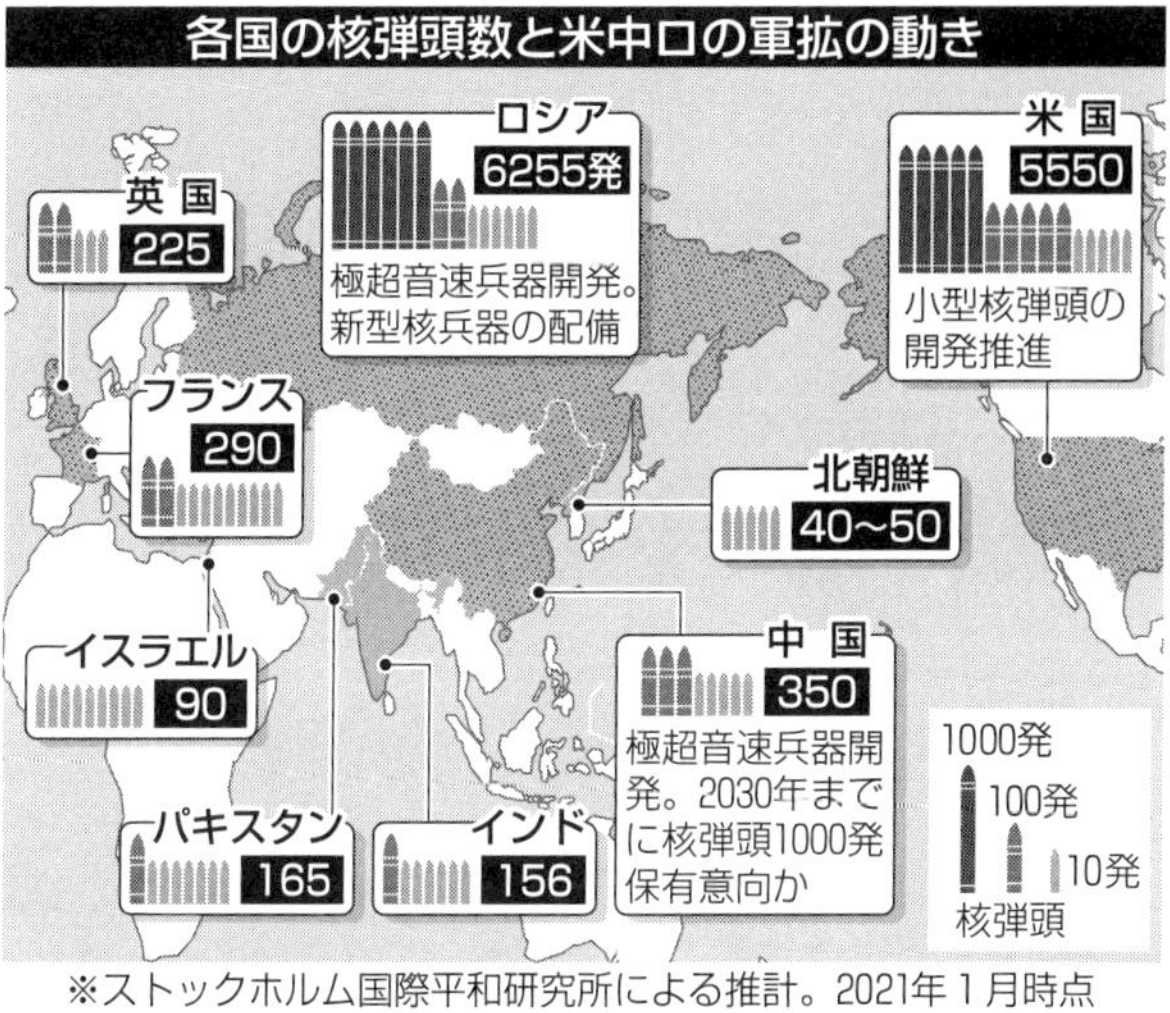

※ストックホルム国際平和研究所による推計。2021年1月時点

各国の核弾頭所持数
提供＝共同通信

米国が五五五〇発で二位となっている。以下、中国三五〇発、フランス二九〇発、英国二二五発、パキスタン一六五発、インド一五六発、イスラエル九〇発、北朝鮮四〇～五〇。全体約一万三〇〇〇発のほぼ九割を米ロが占める。

世界最大の核保有国の独裁者の威嚇に、世界が脅威を覚えるのは当然だった。

欧米を中心に各国の指導者から非難の声が次々に上がった。日本からも被爆者団体などから強い批判が聞かれた。

それ以前に「プーチンは正気なの

か？」と、米政府内からはプーチンの精神状態を問う声も出始める。バイデン米政権はプーチンが警戒態勢への移行を命じた核抑止力部隊に動きがないことを理由に、ただちに核攻撃の危険性はないと判断したが、核が用いられる可能性がなくなったわけではない。

ロシアが実際に核兵器を使うのかどうかは次項で分析したい。使うとしても都市に甚大な被害を与える戦略核兵器ではないだろう。ウクライナのゼレンスキー大統領を標的にキーウに投下すれば、近隣諸国に影響を及ぼし、NATOの報復を招く可能性がある。使うのは地上部隊や軍艦などを標的にした小型の戦術核兵器の可能性が高い。

米CNNテレビによると、米中央情報局（CIA）のウィリアム・バーンズ長官は四月一四日、米南部ジョージア州で講演し、プーチンが戦術核を使用する可能性を「軽視できない」と指摘した。プーチンやロシアの指導層が自暴自棄になったり、軍事的な失敗に直面すれば、戦術核や小型核の使用に踏み切る恐れがあるとの見方だ。

†欧州の核バランスは一触即発

プーチンがウクライナで核兵器を使う可能性について、各国の専門家や政治家、メディアがさまざまな視点から議論し、見解を示している。プーチンの精神状態、ロシアの軍事的実力、米国やNATOとの関係……。しかしここでは核軍縮の視点から分析してみたい。冷戦終結後、核兵器数が減るなか、欧州の状況はどうなっているのか。結論からいえば、欧州は核の軍事バランス的に非常に危うい状態にあり、ロシアが核を使用する恐れは十分にあるということだ。

二〇二一年一一月、欧州発のあるニュースが日本で大きく取り上げられた。発足したばかりのドイツの新政権が、二〇二二年六月に予定される、核兵器禁止条約の第一回締約国会議にオブザーバーとして参加すると表明したのだ。

核兵器禁止条約とは、核兵器を非人道的な兵器として非合法化し、国際法上、禁止する条約だ。二〇一七年七月に、核を持たない小国と国際非政府組織（NGO）核兵器廃絶国際キャンペーン（ICAN）が中心になって制定した。五常任理事国（P5）が認めるはずはなく、とくに米国は猛反発する。日本や韓国、NATO加盟国――いわゆる米国の「核の傘」の下にある国に参加しないよう圧力をかけた。このため現在、条約加盟国には核保有国や「核の傘」下の国は一カ国も入っていない。

ドイツは二〇〇五年から一六年の間、保守政党、キリスト教民主同盟（CDU）のメルケル首相が率いた。ドイツはNATO加盟国で、かつ東西冷戦時代は東ドイツと国境を接して向き合ってきたため、米国と核兵器を共有する政策をとってきた。国内の基地に米国の核兵器を保有し、有事の際は自国の軍用機に搭載可能とするものだ。NATO加盟国内ではドイツのほかイタリア、オランダ、ベルギー、トルコの四カ国が採用している。しかし二〇二一年秋の総選挙でCDUは敗北。社会民主党、緑の党、自由民主党からなる中道左派連立政権が発足する。新政権は「核共有」政策を維持するとする一方、条約の締約国会議に出席する意向を示したのだ。

締約国会議とは加盟国が集まり、条約がきちんと運用されているか点検するための会議だ。核兵器禁止条約の場合は発効後初めての会議だから、条約が不十分な点を協議、改正点も検討しなければならない。ドイツはオブザーバーでの参加であり、決定事項には加われないものの、意見を表明できる。欧州からはスウェーデン、フィンランド、スイスも相次いで参加を表明した。スウェーデン、フィンランドは欧州連合（EU）加盟国でもある。

スウェーデン、スイスは核兵器禁止条約の制定交渉にも参加し、制定へ賛成票も投じていた。しかし欧州を取り巻く安保状況を理由に署名はしなかった。実は制定交渉にはNATO加盟国も参加していた。オランダである。核兵器禁止条約を「現実的でない」として制定に唯一反対した。

そして今回はＮＡＴＯから、新政権ができたばかりのノルウェーもオブザーバーでの出席の意向を示した。

ドイツやノルウェーはなぜ、米国の不興を買うのを承知で参加を決めたのか？

オブザーバーなので垣根が低いということはいえると思う。しかし背景には、欧州での核兵器に対する日本とは比べ物にならない危機感の強さがある。日本も北朝鮮や中国、ロシアの核の脅威を受けているものの、北朝鮮のミサイル技術はまだ不安定であり、中国も核の先制攻撃はしないと明言している。有事でも日本がいきなり核攻撃を受けるとは考えにくい。

一方、欧州の状況は異なる。たとえばドイツの立場に立ってみると、半径一〇〇〇キロ圏内に英仏とロシアの三核保有国がある。ロシアは欧州との国境線付近に多数の戦術核を配備していると伝えられ、対抗上、米国はドイツやイタリア、オランダ、ベルギー、トルコに約一八〇発の戦術核兵器を配備している。

†戦術核で優位に立つロシア

核兵器には大きく分けると二つの種類がある。戦略核兵器（以下、戦略核）と戦術核兵器（以下、戦術核）だ。戦略核とは大陸間弾道ミサイル（ICBM）や潜水艦発射弾道ミサイル（SLBM）のような、大都市や軍事基地を標的にするもの。戦術核とは小型の核で、中・短距離ミサイルや砲弾に搭載され、陸上部隊や艦船の攻撃に用いられる。

冷戦中は米ソが戦略核で軍拡競争を繰り広げた。ピーク時の一九八七年には世界に約七万発の核弾頭が存在したのだ。しかし冷戦後、こうした多数の戦略核は不要になった。維持に多額の費用がかかることもあり、米ロは条約を結び、相互に監視しあいながら削減していく。その結果、核弾頭数は戦略核を中心に減り続け、現在はピーク時の五分の一以下となっている。

しかし戦術核については、ロシアが米国との間で削減条約交渉に応じていない。通常兵器ではNATOが圧倒的に優位に立っているためだ。ロシア軍の兵器もソ連時代と比べると新型に更新されたものがあるとはいえ、依然旧式のものが多く、それがウクライナ侵攻で苦戦している理由の一つだと伝えられている。一方のウクライナには欧米諸国が最新兵器を供与している。

戦術核はロシアが唯一、優位に立てる兵器なのだ。依然、一八〇〇～二〇〇〇発の弾頭数を保有し、その多くをNATO諸国に向けていると伝えられる。戦術核は近年、小型化が進み、威力を落として「使える核」になっており、ロシアは広島や長崎に投下された原爆の三分の一程度の威力の核も保有しているとされる。独ハンブルク大の核問題専門家ウルリッヒ・キューンは米紙『ニューヨーク・タイムズ』のインタビューに対し「ロシアが核兵器を使う可能性は低いものの、高まっている」と指摘、人口の少ないところに発射する恐れもあると答えている。

米政治サイト、ポリティコはウクライナ侵攻でロシアが核を使う三つのシナリオを紹介している。第一はロシア国内の核実験場で大気圏内核実験を行うというものだ。示威行為にとどまるとはいえ、米ロによる大気圏内核実験は一九六三年に米英ソ間で結ばれた部分的核実験禁止条約以来となり、国際社会に与える衝撃は相当大きいとしている。第二はウクライナの上空で核爆発を起こすというものだ。一九六二年に米国が中部太平洋の高度約四〇〇キロの上空で行ったときは電磁パルスの影響が広範囲に及び、ハワイの街灯や電話システムが使用不能になった。首都キーウ上空で実施されれば停電が長期に及んだり、コンピューターや携帯電話などが広範囲で使えなくなったりする恐れもある。第三が、キューンが警告するように、ウクライナ西部の人口の少ない地域などの軍事目標への核投下だ。事前に警告し、住民を避難されたうえで行われるだろうが、それでも放射性物質の降下が長期続くなど、かなりの影響が出るだろうと予測している。

国際社会でロシアの核への懸念が高まるなか、ロシアのアンドレイ・ケリン駐英大使は英BBCが五月二九日に放映したインタビューで、ウクライナ侵攻でロシアが戦術核兵器を用いるとは考えられないと述べた。ロシア軍には核使用について厳格なルールがあり、国家の存続が脅かされた場合に用いられるものだとした。

しかしプーチンは侵攻当日の演説で、NATOが東方拡大を進めることが「わが国家の存在、主権への現実の脅威になる」と述べているのだ。戦争でウクライナが勝利し、ロシアが全面撤退に追い込まれそうになれば国家の存続の危機ととらえ、容赦なく核を用いると考えられないだろうか。演説では「われわれに干渉しようとする者、わが国と国民に対し脅威を作り出そうとする者は知っておかねばならない。ロシアがただちに反応し、あなたたちは史上見たこともないような結末に陥るだろう」とも警告している。

米スタンフォード大国際安全保障協力センターのシニアフェロー、スコット・サガンは、一九四五年にハリー・トルーマン米政権が日本に対して行ったように「プーチンが、ゼレンスキー政権を力ずくで降伏させるためにウクライナの都市に核兵器の投下を命じる可能性はある。この恐ろしいシナリオは非現実的なものではない」と述べている。

†ロシアが原発を狙う理由

ウクライナ侵攻当日の二〇二二年二月二四日、同国北部のチェルノブイリ原発がロシア軍部隊に制圧されたとのニュースが入った。ソ連時代の一九八六年に史上最悪とされる爆発事故を起こした原発だが、現在は四つの原子炉すべてが廃止されており、事故を起こした四号機は「石棺」と呼ばれるシェルターに覆われているものの、付近には放射性物質も貯蔵されたままだ。

さらに制圧後に原発付近で放射線量の上昇が報告された。何が起きたのか？　世界中が注目した。その後、ロシア軍の重車両の通過で事故時の汚染土壌が飛散したのが原因だとわかった。

その八日後、再び震え上がるようなニュースが報じられた。ウクライナ南部にある欧州最大級のザポロジエ原発がロシア軍の砲撃を受けたのだ。稼働中の原発が軍隊により攻撃を受けたのは史上初めてだった。東部ハリコフで核物質を扱う「物理技術研究所」も攻撃された。

ロシア軍はなぜ原発や核施設を狙うのか。

まずは戦略拠点を押さえる必要性だといわれている。チェルノブイリ原発はウクライナ北部国境から約一〇キロ、首都キーウからも約八〇キロに位置する要衝にある。

次にウクライナのインフラを確保し、圧力をかけるというものだ。ウクライナにはザポロジエ、ロブノ、南ウクライナ、フメリニツキーの四原発があり、電力の約五〇%を担っている。これらをロシアに押さえられれば大きな打撃となる。

さらにチェルノブイリの記憶を利用する心理戦だ。欧州を広範囲に放射線で汚染したチェルノブイリ原発事故の記憶を呼び起こして恐怖心をあおり、戦意をくじくというものだ。テロ組織顔負けのやり口といってよいだろう。

†原発攻撃の危険性

「原発にジャンボ機が体当たりすれば壊滅的な被害が出る恐れがある」

二〇〇一年九月一七日、米中枢同時テロが起きて六日目だった。オーストリア・ウィーンでは国際原子力機関（IAEA）の年次総会が始まろうとしていた。開幕前に記者会見したデービッド・キッド広報部長は「同様のテロが原発を襲ったらどうなるのか」との記者の質問にこのように答えた。米ニューヨークの世界貿易センタービルや米首都ワシントンの国防総省（ペンタゴン）のビルに旅客機が突入したテロは世界の人々を驚愕させ、国際社会ではにわかに原子力施設へのテロを心配する声が強まっていたのだ。

キッドは、原発は航空機がぶつかるなどの事故には耐えられるように設計されているものの、燃料を満載した状態で意図的に衝突するというケースは考えられていないと説明した。その場合も原子炉本体が爆発することはないだろうが、冷却装置が破壊されると内部で水蒸気爆発が起きる可能性があるとも指摘した。

原発における水蒸気爆発。知られているようにこの一〇年後、東京電力福島第一原発の電源装置が、東日本大震災の津波により壊された。原子炉本体に冷却水が届かなくなり、水蒸気爆発を起こし、メルトダウン寸前となったのだ。日本の東半分が消滅するのではないかと、日本中がパニック状態に陥ったことを覚えている方もいるだろう。キッドは「原発は世界貿易センタービルやペンタゴンに比べると小さく上空から見つけにくいため、飛行機でぶつかるのは相当難しいだろう」とも補足した。

当時、私はウィーン特派員でIAEAを担当していた。キッドのいかにも米国人らしい直截な物言いはよく覚えている。記者会見でのこの発言は多くのメディアに取り上げられたが、IAEA内部では評判がよくなかったと聞いた。原発が危険なもののようにとれるためだ。

キッドの発言について、あるIAEAの専門家は「原子炉はミサイルを撃ち込まれても大丈夫な設計になっている」と指摘した。冷却装置についてもフェイルセーフが幾重にも張り巡らされており、少々のことではメルトダウンなどは起こさないと話したが、それが甘い見方であることは福島の事故で証明された。

†「汚い爆弾」への懸念

しかし米中枢同時テロ後、彼のような専門家がもっとも心配していたのはテロリストによる核物質強奪だった。

日本映画の鬼才、長谷川和彦監督の名作『太陽を盗んだ男』はまさにこのテロリストによる核物質強奪をテーマにしている。沢田研二が演じる中学教師は茨城県東海村の原発に忍び込み、核物質の入ったカプセルを強奪。自力でプルトニウムを抽出し、原爆をつくりあげ、その原爆を取引材料に日本政府を脅迫するというストーリーだ。

映画の中でも専門家がプルトニウムの粉末を前に「難しいんだ。こいつを精製するのは」とため息をつく場面があるが、実際に個人で核爆弾をつくるのはほとんど不可能だろう。ＩＡＥＡの専門家が心配していたのもテロリストが核爆弾をつくることではなく、核物質をばらまく「汚い爆弾」をテロに使うのではないかということだった。とくに当時、旧ソ連諸国のウクライナ、ジョージアなどの国は核物質の管理が甘いといわれており、実際、盗難事件なども起きていた。

二〇〇一年のＩＡＥＡ総会は、核物質がテロなどの不法な行為に使われないよう、いっそうの管理強化を求める決議を採択して閉幕した。ＩＡＥＡはただちに核物質や原発など核施設のいっそうの管理強化を目指す「核テロ防護プログラム」案を策定し理事会に提出。翌年三月には採択された。

この時点では、核テロを起こすのはアルカイダや後に登場する過激派「イスラム国」（ＩＳ）のようなテロ組織が想定されており、軍隊が原発を砲撃したり、占拠するなどというケースは想像されていなかった。正規軍は原発のリスクを理解しており、極端な行動には出ないということが前提にされていたのだ。

そうしたありえない事態が現実となったのがロシアのウクライナ侵攻だった。

2　P5の核の力

†IAEAとはなにか

　ところで、IAEA（国際原子力機関）とはどういう機関なのか。

「核の番人」とも呼ばれ、福島の事故や北朝鮮やイランへの査察に関するニュースでよく取り上げられるため、名前はよく知られているだろう。IAEAは、原子力の平和利用を促進し、軍事利用を防ぐことを目的とした国連関連機関だ。核拡散防止条約（NPT）加盟国との間で協定を結び、国内にある核物質が原子力発電や医学研究用として用いられているか、兵器に転用されていないかなどを調べる。問題があれば、P5や日本など三五カ国でつくる理事会に報告。理事会は議論してその国に説明を求めたり、さらなる調査を行うようIAEA事務局に要請する。

　北朝鮮やイランの核問題のように、なお疑念が解消できない場合は、安全保障理事会に委ねる。安保理でP5がいかに力を持っているかは説明した。つまり世界の核に関わる問題は、すべてP5が議論に参加し、解決に関与できるシステムになっているのだ。

核物質の軍事利用を防ぐというと、どちらかといえば「反核」的なイメージがあるかもしれない。しかし実態は原子力発電を推進し、P5以外の国が核物質を軍事用に転用し、核兵器を持たないように監視するための機関といえる。そのためスタッフは、各国の原子力産業や原子力規制官庁の出向者が占めている。日本からは東京電力や経済産業省、日本原子力研究開発機構などから来る人が多い。いわば原子力産業の総本山のような国際機関といえ、スタッフが原子力の安全性に少しでも疑念を起こさせるような言動をするのはよくないのだ。

実際、「原発にジャンボ機が体当たりすれば壊滅的な被害が出る恐れがある」と発言したキッドは、この発言だけが理由というわけでないだろうが、それほど時間を置かず交代となり、新しい広報部長にはカナダの外交官出身のマーク・グウォツデッキーが就任した。

†NPTの欺瞞

この本では何度も、P5が世界秩序の中核を担っていると主張してきた。

「それは理解できるが、第二次世界大戦の勝者というだけで、戦後八〇年近くもその地位にあるのは不平等ではないか」と疑問が生じるのは当然だ。経済力だけをいえば、英国やフランスよりはドイツや日本だろうし、地域的なバランスを考えても南半球の国が入るべきではないか。宗教人口の多いイスラム教やヒンドゥー教の国はどうなるのか。なぜこれらの国はP5に替われないのだろうか。

逆にいえば、何がP5の地位を保証しているのだろうか。その答えが、第二次大戦の勝者であることに加え、この五ヵ国が公認された核兵器を持っているという事実なのだ。

現在、世界に核兵器国は九つある。米英仏中ロとインド、パキスタン、それとイスラエルと北朝鮮だ。

このうち国際法上、核兵器を持ってよいと認められているのは米英仏中ロの五ヵ国のみだ。もちろん国連憲章に書いてあるわけではない。核兵器がいかに残虐で非人道的な兵器であるかは説明するまでもないだろう。そういう兵器を正面から国際社会に認めさせることは、いかに大国といえど無理だ。

そこでP5は一つのレトリックを考え出す。核兵器保有を認めさせるのではなく、今ある核兵器をこれ以上広げないようにする。核を持たない代わりに原発などに平和利用する権利を認め、保有国が支援する。それを明文化したのが、一九七〇年に発効した核拡散防止条約（ＮＰＴ）だ。

核兵器の歴史をひもとくと、一九四五年七月に米国が初の原爆実験に成功し、八月六日、九日に広島、長崎に原爆を投下したことは説明するまでもないだろう。米国から機密を盗み出すことでソ連が原爆実験に成功したのが一九四九年。一九五二年には英国が米国の支援を受け、原爆を保有する。遅れてフランスが一九六〇年、Ｐ５でもっとも遅いのが中国で一九六四年だ。

しかしこのころには核兵器開発の秘密はだいぶ知られるようになり、判明しているだけでも一九七〇年代ごろまでにブラジル、アルゼンチン、韓国、台湾、スイス、スウェーデンが核兵器開発計画を進めるか、進めようとしていた。

Ｐ５は危機感を強める。

公認された核兵器の保有国をＰ５に限定するにはどうすればよいか？　よく考えたものだ。それが核兵器の拡散を防止するための国際条約だった。核保有国を一九六七年時点に区切り、非保有国には平和利用は認めるし、核軍縮も約束する。Ｐ５は誠実をもって軍縮交渉に当たると約束したのだ。

しかし当時の国際世論では反対意見も多かった。不平等条約だというわけだ。孫崎享の『戦後史の正体』(創元社)によると、日本の外務省も当初は反対していた。一九六六年二月一八日の朝日新聞は「核を所有する国が自分のところは減らそうとせず、非核保有国に核を持たせまいとするのではダメで、このような大国本位の条約に賛成できるはずがない」との下田武三外務次官の発言を報じた。その後、米国の圧力もあり批准したのはいうまでもないだろう。

最終的にインド、パキスタン、イスラエルは加わらなかった。北朝鮮は一度は加盟するものの、第二次核危機のさなかの二〇〇二年に脱退を表明。現在は保留になったままだ。よって今でもインド、パキスタン、イスラエル、北朝鮮の核は非公認の核だ。インドやパキスタンの外交官と話をすると「隣国(インドにとってはパキスタン、パキスタンにとってはインド)への対抗上、保有しているだけで先に使うことはありえない」と強調する。北朝鮮も同じ論理だ。朝鮮戦争は休戦状態で、米国が在韓米軍基地やグアムやハワイの米軍基地から核兵器で北朝鮮を攻撃する可能性があるから、自衛のために持っているだけだというわけだ。

しかし危ない話だ。インド、パキスタン、北朝鮮ともにミサイルを保有している。ミサイルに載せれば攻撃可能なわけだから、被害が隣国以外に広がることもありうる。

†進まない核軍縮

ＮＰＴは当初、時限条約であり、発効二五年後に見直すことになっていたが、九五年に継続が決まる。これ以降、五年ごとに条約がきちんと守られているか加盟国が話し合う再検討会議が開かれることになる。ここが、核軍縮義務を守らせようとする非核保有国と、世界の安全保障を理由に首を振らないＰ５の対立の場となっていくのだ。再検討会議では、双方が合意点を見つけられれば最終文章が採択でき会議は成功、合意できなければ失敗となる。

冷戦終結後、米ロの核兵器削減条約が履行されたことで、とくにＩＣＢＭなどの戦略核兵器は順調に削減されていく。一九八五年には六万発を超えていた核弾頭数は二〇〇五年には三万発を切った。

こうした流れもあり、二〇〇〇年のＮＰＴ再検討会議では、米国が理想主義的なクリントン政権で、ロシア、中国も国際協調路線をとっていたこともあり、核保有国の核廃絶への明確な約束を盛り込んだ最終文書まで採択されたのだ。世界は初めて核保有国を巻き込んだ核軍縮に道筋をつけたのだ。

しかしここまでだった。二〇〇〇年の大統領選でクリントンの後継のアル・ゴア副大統領は負け、保守的なブッシュ大統領が登場。さらに米中枢同時テロが起き、米国は世界を巻き込んだ形で対テロ戦争に突入する。

軍縮の機運はしぼみ、二〇〇五年のNPT再検討会議ではブッシュ政権は非核保有国に完全に背を向けて決裂。核廃絶の道は遠のいた。

ブッシュの後継となった米国初の黒人大統領オバマは二〇〇九年にチェコ・プラハで「核兵器なき世界」演説を行った。この演説の影響もあり、二〇一〇年のNPT再検討会議は成功した。しかしオバマ政権二期目の二〇一五年は決裂した。原因はイスラエルの核を問題視するアラブ諸国に、米政府が反発したためだ。オバマ政権は「核なき世界」を掲げる一方で、小型核の開発を進めるなど核軍縮に逆行していた部分もあった。オバマは二枚舌を使い分けていたといえるだろう。

このころには多くの国がP5の嘘に気がついていた。P5を信じていては核廃絶はできない。そこで生まれたのが核兵器禁止条約なのだ。この条約については次節で詳しくみていきたい。

Ｐ５の大国としての地位を担保しているのは、拒否権を有する安保理常任理事国の椅子と、ＮＰＴの条文で認められた核兵器保有国であるということなのだ。これがいかに欺瞞に満ちたものであるかは、今までの説明を読んだ方には説明するまでもないだろう。

†Ｐ５体制の弱点

前項で、ＮＰＴはＰ５に核兵器を独占させるための国際条約だと指摘した。核兵器の保有がＰ５に大国の地位を担保させているのだと。逆にいえば、国際社会が認める形で核兵器を持つ国が現れれば、Ｐ５の優越性は大きく揺らぐことになる。

インド、パキスタン、イスラエルはいずれもＮＰＴ枠外の保有だ。この三カ国のうち、最初に核実験に成功したのはインドで、一九七四年。イスラエルは一九七九年にインド洋で南アフリカと共同で実験をしたと伝えられるが、確認はされていない。最後がパキスタンで一九九八年だった。

南アフリカも一九七〇年代に核爆弾製造に成功したが、一九九〇年に放棄を宣言し、ＩＡＥＡの監視下で解体。その後、ＮＰＴに加盟した。ウィーン特派員時代に取材した二〇〇五年三月のＩＡＥＡ理事会で、南アフリカの代表が「かつて核兵器を保有していたが、自国の安全を高めるどころか、逆に地域の不安定を招くなどマイナス面のほうが多かった」と演説したのは忘れがたい。南アフリカは核兵器禁止条約を推進した国の一つだ。

話を戻す。これらの国以降、核兵器を開発しようとする国をP5は徹底的に排除していく。唯一製造に成功し、核実験までしたのは北朝鮮だ。北朝鮮の核問題については第三章2で述べたが、米国は一時、阻止するために軍事攻撃まで検討した。北朝鮮の核はまったく国際社会から認められていない。むしろ開発の代償として、安保理や日米欧の厳しい経済制裁下に置かれている。

イラクやシリアも核開発を試みたが、情報が漏れ、ともにイスラエルに阻止されている。建設中の核施設や原発を空爆され破壊されたのだ。

†なぜイランは核を持てないのか

イランは二〇〇二年に反体制派が暴露する形で核開発疑惑が発覚する。イランはあくまで平和目的の開発であり、原子力発電が目的だと主張した。しかしイランは産油国で原油輸出国だ。火力発電に必要な原油が不足するはずはなく、急いで、しかも極秘裏に核開発を行う必要性があるとは思えない。発覚後、ＩＡＥＡを舞台に米とイランが激突する。

イランにＩＡＥＡの査察を受け入れさせ、核開発の事実を認めさせようとする米国と徹底的に否定するイラン。

当時ウィーン特派員だった筆者は、四半期ごとに開かれる理事会でＩＡＥＡが査察結果をまとめた報告書に基づいて展開される議論を取材した。

結果的には、イランは核兵器開発疑惑を払拭できず、二〇〇六年にＩＡＥＡ理事会は安全保障理事会に核問題を付託する。付託というのは、世界の平和と安全に関する問題として、安全保障理事会に議論を委ねることだ。

安保理でもイランと米国は激しく対決するが、結局、イランは極秘裏に核開発をしていたと認定され、厳しい経済制裁がかけられることになった。

じりじりと制裁が効くイラン。二〇一三年に成立した穏健派のハッサン・ロウハニ政権は、このままではイスラム体制が崩壊しかねないとの危機感から欧米との協調路線にかじを切り、交渉に入る。ちょうど米国はオバマ政権で、交渉相手となったのがＰ５＋ドイツだった。ここでもＰ５が前面に出ている。

そして二〇一五年にイランが核開発計画を大幅に制限し、代わりに国際社会が経済制裁を解除する合意が成立する。

これはオバマ米政権の最大の外交成果とされ、揺らぐ核不拡散体制を救った歴史的な合意と評価された。しかし、翌年の選挙で勝利し、二〇一七年に誕生したトランプ政権が「多くの欠陥がある」と非難。一方的に破棄し、対イラン制裁を復活した。怒ったイランはウラン濃縮など核開発を再開したものの、バイデン政権になり合意を修復しようとする交渉が始まった。

なぜここまでしてイランの核開発を阻止するのか。

IAEAを取材していた当時、米国の外交官はこのように話した。

「イスラム教シーア派の大国イランに核を認めてしまうと、シーア派と対立するスンニ派大国のエジプトやサウジアラビアなども核武装に動くのは目に見えている。そうすれば東アジアや西南アジアにも波及し、ドミノ倒し的に核保有国が増えてしまうことになる」

台湾が核兵器を持つことは中国には脅威だろうし、ロシアはウクライナやジョージアなどの核保有は何がなんでも阻止したいだろう。

つまりイランに公然と核兵器を持たれてしまうと、NPT体制は事実上、崩壊する。それは戦後、築き上げたP5支配体制が崩れることを意味するのだ。自分たち以外の国はどの国であれ核を持つことは許さない。この点に関してはP5は一枚岩だ。自分たちの特権がなくなることにつながるからだ。

3　核兵器禁止条約の誕生

†被爆者の声をベースに

一九四五年九月八日、一人のスイス人医師が、原爆が投下されて一カ月後の広島に入った。当時、赤十字国際委員会（ＩＣＲＣ）の駐日首席代表だったマルセル・ジュノー博士だ。

博士は、被爆地に約一五トンの医薬品を届けると同時に、スイス・ジュネーブのＩＣＲＣ本部に原爆の悲惨さを報告し、こうしたことは二度と許されてはならないと記した。この博士の報告が核兵器禁止条約の源流になった。

核兵器禁止条約は、核兵器を違法化した初の国際条約であり、二〇一七年七月に制定された。条文の中で、核兵器廃絶のため努力を重ねてきたと名が挙がっている国際赤十字・

赤新月社連盟（ＩＦＲＣ）の近衛忠煇会長は、制定前のインタビューで「ジュノー報告のように、赤十字では常に被爆者の声をベースに運動を進めてきた歴史がある。抽象論ではなく、現実を踏まえてきたのが国際的な世論を喚起できた理由だろう」と指摘した。ＩＦＲＣは、ＩＣＲＣとともに後述する核の非人道性の観点から条約制定の議論に深く関与した。「制定交渉には国際赤十字がオブザーバーなどの形で出ることになる。（国家間の）政治的議論だけでは交渉は進まないだろう。国際赤十字のような団体が参加し、発言することで外堀を埋めていければと思う。保有国でも反対しにくい非人道性の主張を突破口に議論を広げるのはよい戦略になると考える」とも話した。

現在、この条約により世界は事実上、二分されている。条約が理想とする「核兵器なき世界」に賛同し、加盟するのか。ロシアのウクライナ侵攻に象徴されるように世界の安全保障が危機的な現在、空理空論だとして反対するのか。

日本でも、「核の傘」を提供している日米同盟を理由に政府や自民党は同条約に反対の立場をとるが、被爆者団体や野党の一部は、被爆国日本が理想とする条約だとして署名・批准を求めている。

†核兵器禁止条約の理念

この条約を貫くのは、近衛が指摘するように、核兵器がいかに非人道的な兵器であるかという議論だ。核の非人道性の議論といわれる。国際赤十字やローマ教会などで始まり、反核運動にもつながるが、冷戦時代は反核運動のイデオロギー色が強く、国際的な広がりを持たなかった。日本でも反核運動が、共産党系の原水爆禁止日本協議会（原水協）と社会党系の原水爆禁止日本国民会議（原水禁）に分裂していたことを覚えている人がいるだろう。

核の非人道性の議論は冷戦中もローマ教会や人道団体により受けつがれていくが、冷戦終結で「核の時代」は終わりに向かうとの期待が生まれた。米ロは核弾頭数を大幅に削減し、一九九六年には国際司法裁判所（ＩＣＪ）が核兵器の使用は国際法や人道法に「一般的に反する」との勧告的意見を出した。二〇〇〇年のＮＰＴ再検討会議では「核廃絶への明確な約束」が盛り込まれた歴史的な文書が採択され、核軍縮が一気に進むとの期待も生まれた。

しかし二〇〇一年には米中枢同時テロが起き、単独行動主義を取ったブッシュ米政権は

1945年	広島、長崎に原爆投下
1949年	ソ連初の原爆実験
1954年	ビキニ水爆実験、第五福竜丸が被曝
1955年	原水爆禁止日本協議会（原水協）設立
1962年	キューバ危機
1963年	部分的核実験禁止条約調印
1970年	核拡散防止条約（NPT）発効
1991年	ソ連崩壊
1996年	包括的核実験禁止条約（CTBT）採択
2013年	核兵器の非人道性に関する国際会議がオスロで初開催
2017年	核兵器禁止条約採択
2021年	核兵器禁止条約発効

世界の核問題に関する経緯

核軍縮に背を向ける。このころから核兵器を禁止する国際条約を作る動きが強まっていく。P5が国際安全保障を理由に核兵器を抱え込み、自らがした核軍縮の約束を守らないなら核兵器そのものを非合法化する条約を独自に作ろうというわけだ。

二〇一〇年のNPT再検討会議前には、軍隊を持たない国として知られるコスタリカが核兵器禁止条約のモデル案を国連に提出した。国連の潘基文事務総長は禁止条約の検討を呼びかけ、会議の最終文書には「(呼びかけを) 留意する」と盛り込まれた。

流れは加速する。二〇一三年にはノルウェー・オスロで第一回の核兵器の非人道性に関する国際会議が開かれ、翌年二月にはメキシコで第二回が行われた。各国に核兵器禁止条約締結への努力を強く促す議長総括が発表され、同じ年の一二月にはオーストリア・ウィーンで第三回が開かれ、P5のうち米国と英国が初参加した。強まっていく条約制定の動きに、たとえ反対としても関与しようとしたのだろう。ちなみに日本は毎回参加していた。

とくに「核なき世界」演説でノーベル平和賞を受賞したオバマ政権が核戦力の近代化を図るなど、軍縮と逆行した動きをみせたことは大きな失望を呼び、二〇一六年一二月には国連総会で核兵器禁止条約の制定交渉開始を定めた決議が採択された。

†P5に見切りをつけた小国たち

中心となったのは、欧州のオーストリアやアイルランド、中南米のメキシコ、コスタリカ、アジア・オセアニアのマレーシア、ニュージーランド、アフリカの南アフリカなど、その多くが小国だった。核兵器を手放さず、核軍縮にも応じないP5へ完全に見切りをつけた行動だった。

交渉は一二〇以上の国が参加して、二〇一七年三月にニューヨークの国連本部で始まった。後に条約制定の功績でノーベル平和賞を受賞する国際NGOの核兵器廃絶国際キャンペーン（ICAN）や、国際赤十字などもオブザーバーとして参加している。

日本も一時参加を検討したが、最終的には米国の圧力に負ける形で不参加を決めた。P5はすべて不参加であり、米の「核の傘」下にある国ではオランダだけが参加した。

そして同年七月七日に、条約は採択された。賛成一二二、反対一（オランダ）、棄権一（シンガポール）の、圧倒的賛成多数だった。

この日、核兵器の事実上の独占によるP5の国際秩序支配の歴史にくさびが打ち込まれた。小さな裂け目だが、画期的な動きといえよう。

核兵器禁止条約が、核兵器の非人道性の議論をベースに、NPTの核軍縮義務を守らないP5への怒りを背景にしてできたことがわかってもらえただろうか。

二〇一七年七月の制定後、P5の反発にもかかわらず、署名・批准国は順調に増え続け、二〇二〇年一〇月には条約の発効要件となる五〇カ国に達し、九〇日後の二〇二一年一月二二日に発効した。この日をもって、条約の加盟国内に限られているとはいえ、核兵器は非合法な存在となったのだ。広島、長崎に原爆が投下されて約七五年後、被爆者が待ち望んだ瞬間だった。二〇二二年五月末現在、署名国は八六、批准国は六一に達している。

†条約制定交渉に参加しなかった日本

日本はこの条約に署名し、批准すべきなのだろうか。それとも米国が言うとおり、条約を拒否し続けたほうがいいのだろうか。忘れてはいけないのは、日本は世界で唯一の被爆国だということだ。核兵器の惨禍を受けた日本政府が広島や長崎の被爆者の証言を集め、被害と核廃絶を世界に広く訴え続けるのはいうまでもなく重要だ。しかし、こうした条約をもとに、多くの国を巻き込んだ外交交渉の舞台で国際社会を核廃絶に導いていくのは、より価値あることなのではないだろうか。

日本政府にとって最初の試金石となったのは、二〇一七年三月に始まった国連作業部会での条約制定交渉だった。交渉開始前から被爆地や野党から参加を求める声が高まった。広島市長、長崎市長、日本原水爆被害者団体協議会（被団協）などが日本政府に参加を強く要請した。例を一つ紹介しよう。

二〇一七年二月一〇日、外務省を訪れた被団協の田中熙巳事務局長は武井俊輔政務官に外相宛ての要請書を手渡し、「私たちのような苦しみを世界中の誰にも味わわせてはいけない。条約は絶対に必要。人道的な立場に立ち努力を」と訴えた。

前述のとおり、この交渉にP5は完全に背を向けた。米の「核の傘」下の国、ドイツやオーストラリア、韓国も参加しなかった。

一方、推進国側は日本にしきりと参加を呼びかけた。旗振り役だった国際NGO、ICANのベアトリス・フィン事務局長は、前年の二〇一六年末のインタビューで「唯一の被爆国の日本には豊富な知見があり、非常に重要な役割を演じられる」と期待を示していた。たとえ条約に署名しなくとも交渉に参加することは可能で、よりよい条約にすることは将来、その国のためにもなると考えたのだ。

そして実は日本は、いったんは参加する方向に向かった。そのキーマンは広島選出の岸田文雄外相だった。岸田もまさか日本がただちに条約に署名・批准できると考えたわけではないだろう。しかし核保有国と非核保有国の「橋渡し」役を務められると考えて、前年一〇月の記者会見では「交渉に積極的に参加し、唯一の被爆国としてしっかり主張したい」と話していた。

しかし、最終的に日本は交渉への不参加を決めた。当時のトランプ米政権との関係を重視した安倍晋三首相の判断だったといわれている。トランプはオバマ前大統領の「核兵器なき世界」には批判的で、核抑止力重視を公言していた。

条約制定交渉は二〇一七年三月二七日に始まったが、日本から高見沢将林軍縮大使が演説し、核保有国が参加しないまま交渉を進めれば国際社会の分断が深まるとして「建設的かつ誠実に参加するのは困難だ」と述べた。高見沢は防衛官僚出身で、安倍政権下の官邸主導人事で軍縮大使に就任した人物だ。安倍の〝代理人〟として交渉不参加を表明する役を担わされたのだろう。

これ以降、日本政府は一貫して核兵器禁止条約に冷淡な態度をとり続ける。

条約採択時には岸田が記者会見で「(反対の)対応はまったく変わらない。わが国の基本的な考え方と相いれない」と述べ、日本として署名しない意向を改めて表明する。条約発効時にも菅義偉首相が参院本会議の代表質問で「条約に署名する考えはない」と改めて強調した。締約国会議へのオブザーバー参加にも慎重姿勢を示した。

先日、ある外務官僚にオブザーバー参加について尋ねたところ「官僚サイドから参加を言うことはありえない」と断言された。外務省では日米同盟重視が徹底しており、同盟にひびを入れるような行動をとるわけがないという意味だ。参加するとすれば政治家主導、それも「核なき世界」実現に理解のある岸田サイドからしかないということだ。

†ウクライナ侵攻が核政策にもたらす影響

二〇二一年に、NATO加盟国のドイツ、ノルウェーが核兵器禁止条約締約国会議のオブザーバー参加を決めたことは、オブザーバー出席を求める被爆者らへは追い風になった。しかしロシアのウクライナ侵攻で風向きは完全に逆転した。核使用の可能性を公言しているプーチン大統領を前に、核軍縮を主張する声は小さくならざるを得ない。

一方、保守派はチャンスとみたのだろう。侵攻三日目に安倍晋三元首相が民放のTV番組で、日本に米国の核兵器を配備し共同運用する「核共有」政策について日本でも議論すべきだとの考えを示したのだ。安倍は「世界の安全がどのように守られているのか。現実の議論をタブー視してはならない」とも述べた。

しかし、日本には核兵器を「持たず、つくらず、持ち込ませず」の非核三原則がある。核共有は明らかに三原則に違反する。岸田首相は翌日の参院予算委員会で「非核三原則を堅持するわが国の立場から考えて、認められない」と指摘。岸信夫防衛相も記者会見で容認しないとの立場を表明した。

一方、自民党内では議論すべきとの声が次第に高まっていく。高市早苗政調会長が、非核三原則のうち核兵器を「持ち込ませず」の原則に関して「党内で議論したい」と表明。世耕弘成参院幹事長も議論が必要だとした。

結局、自民党は二〇二二年三月一六日、安全保障調査会の勉強会を党本部で開き、核抑止力の在り方について議論した。「核共有」政策に関し有識者から意見聴取し、非核三原則の「持ち込ませず」に例外を設け、有事の際、米軍による持ち込みを容認すべきかどうかを巡っても意見を交わしたのだ。ただ、宮沢博行国防部会長は会合後、外交・安保政策の長期指針「国家安全保障戦略」の改定に向けた党提言には、核共有政策や非核三原則の見直しは盛り込まないと語っている。米国を刺激するのを避けたのだろう。

現時点で米国側から反応は聞かれない。しかし米国のラーム・エマニュエル駐日大使が三月二六日に岸田と共に広島市の原爆資料館を視察し、平和記念公園の慰霊碑に献花したことを、米国が核共有を認めないメッセージととらえるべきだろう。大使は、バイデン米大統領が被爆地の広島か長崎を訪れたいとの意向を示すのではないかとも強調した。

核共有については先述した。共有といえども国内に核兵器を保有するのだ。準核保有といってもいいだろう。核戦争寸前だった冷戦期ならともかく、米国がいまさら認めるとは考えにくい。それに非核三原則などのこれまでの日本の核政策とは完全に矛盾する。岸田が言い続けてきた、「日本は核保有国と非核保有国の「架け橋」となる」との主張など、誰も聞かなくなってしまうだろう。

日本ではウクライナ侵攻を機に、核をめぐる議論は今後も盛んになっていくだろう。保守派からは核共有を採用せよとの声が一方的に高まることもありそうだ。しかし筆者は、日本政府が被爆国としての立場から決して逸脱してはならないと考える。非人道的な結末をもたらす核兵器の使用は決して認められないし、日本は非核三原則を貫く。これだけは歴史に課せられた使命だと思うのだ。

第五章

これからの国連

安保理でオンライン演説を行い、国連改革を訴えるウクライナのゼレンスキー大統領。

(2022年4月5日、ニューヨーク国連本部、国連YouTube " Ukraine-Security Council | Ukraine's President | United Nations(5 April 2022)"より)

1　国際連盟の教訓

†アメリカの不参加

第一次世界大戦（一九一四〜一八年）は、一般市民も含めると一〇〇〇万人近い犠牲者を出した悲惨な戦争だった。このため戦時中から米国、英国を中心に戦争防止のための国際機関を作ろうとの機運が高まる。こうした動きを受けて一九一八年、ウッドロウ・ウィルソン米大統領が米議会で発表したのが「一四カ条の平和原則」である。秘密外交の廃止や航行の自由、民族自決などが知られ、一四カ条目に盛り込まれていたのが国際平和機構の創設だった。この条項が発端となって、大戦を終わらせた一九一九年のパリ講和会議で議論のうえ、規約が採択され、一九二〇年国際連盟（以下、連盟）として発足する。当初の加盟国数は四二だった。

世界中の国に門戸を開いた初の国際平和組織であり、最大の目的は戦争防止だった。し

1936年まで国際連盟の本部として使われたパレ・ウィルソン（Shutterstock, Bascar）

かし結局、第二次大戦の勃発を防げずに機能が停止。国際連合発足を受けて一九四六年に解散した。連盟はなぜ失敗したのか。その教訓は国際連合にどのように生かされたのか。

連盟の本部はスイス・ジュネーブにあった。本部の建物は現国連欧州本部のパレ・デ・ナシオン（Palais des Nations、諸国民の宮殿）に置かれたが、この建物に移ったのは一九三六年で、それまでは今は国連人権高等弁務官事務所が本部を置いているパレ・ウィルソン（Palais Wilson、ウィルソン宮殿）にあった。一九三一年に起きた満州事変をめぐり日本の立場が認められなかったことに抗議して、一九三三年二月に松岡洋右代表が連盟を脱退する演説を行ったのはこのパレ・ウィルソンの会議室である。

連盟の組織図をみると、中核的な組織は国連とほぼ

	国際連盟	国際連合
設立のきっかけ	第一次世界大戦	第二次世界大戦
発足	1920年	1945年
本部	スイス・ジュネーブ	アメリカ・ニューヨーク
原加盟国	42カ国	51カ国
各国の動向	米：不参加 ソ連：フィンランド侵攻で除名 日本：満州事変めぐり脱退	P5に拒否権を付与し、大国の参加を促す 日本：非常任理事国を11回務める

国際連盟と国際連合

同じである。全加盟国が参加する総会と、理事会があり、事務総長が指揮する事務局も置かれた。理事会は常任理事国と非常任理事国で構成し、常任理事国は第一次世界大戦の戦勝国である米英仏伊日の五カ国で構成することになっていたが、米が加盟しなかったので四カ国でのスタートとなった。非常任理事国は総会での選挙で選ばれたが、国連と比べると定数は割と簡単に変わっている。当初四カ国だったのが、一一カ国まで増えた。

連盟設立を提唱した米がなぜ加盟しなかったのか。規約の批准が上院で否決されたためだ。当時、米では欧州大陸と相互に干渉しないというモンロー主義（孤立主義）が強く、集団安全保障体制を構築しようとした連盟を忌避したのだ。鳴り物入りでつくられた連盟が発起人のいる最大の大国を加盟させられなかったことは、当初から弱体化が約束されたようなものだった。

ちなみにモンロー主義は現在でも米政治に顔を覗かす。共和党保守派には「米はほかの国の干渉を受けない」と公言する人が少なくない。その背景には米国民の保守性もある。米南部や中西部の街を歩いてみると、外国どころかニューヨークも首都ワシントンも行ったことがない人に出くわすことがある。キリスト教右派の信徒が目立ち、移民やグローバリズム、ヒラリー・クリントン元国務長官やオバマ元大統領らホワイトハウスのエリートに強い拒否感を持っている。「アメリカ・ファースト」のトランプ前大統領を支持する層は厚いのである。

話を戻そう。連盟が国連と異なるのは、敗戦国でも常任理事国になれたことだ。ドイツは一九二六年に常任理に就任。ロシア革命後、大戦を離脱したソ連も一九三四年に加盟して常任理事国となり、一九三九年にフィンランド戦争で連盟を除名されるまでこの地位にあった。

†効力のない制裁、相次ぐ脱退

連盟がなぜつくられたのか。基本理念は国連と同じである。加盟国で集団安全保障体制を築き、侵略戦争を防ぐというものだ。そのため規約には、侵略国に対する経済制裁も定められていた。経済制裁を実施するための軍部隊派遣もできることになっていたが、国際連盟軍のような独自の部隊を設置するのではなく、加盟国頼みだったため実効力が伴わなかった。

連盟による経済制裁は、一九三五年のイタリアによるエチオピア侵略で初めて発動された。イタリアに制裁が科されたものの、イタリアにとってもっとも痛手となる石油や石油製品を禁輸項目に加えることに英仏が難色を示し、十分効かなかったのだ。英仏は石油禁輸に踏み切ることでイタリアと戦争になるのを恐れたといわれる。

さらに規約上、連盟の脱退が容易だったことも弱体化に拍車をかけた。一九三三年の日本の脱退に続き、ドイツ、その後イタリアやハンガリー、スペイン、チリなどが抜け、機能はほとんど停止状態に陥った。

篠原初枝は『国際連盟』(中公新書)で以下のように総括している。

国際連盟は所期の目的を達成できなかった。加盟国が領土の保全をお互いに保障する旨約束し、違反した国が生じた場合には国際連盟全体が制裁を科すという集団安全保障の試みはうまくいかなかった。集団安全保障を機能させる前提であった軍縮は遅々として進まず、侵略、特に常任理事国による侵略が起きたとき、国際連盟は有効な措置をとれなかったのである。(二六六頁)

この連盟時代の反省が、国連の創設時に大国を参加させ続けようとして常任理事国の地位と拒否権という特権を与えることにつながったといっても間違いではないだろう。また、国連憲章が集団安全保障を明確に定め、国連軍の編成を前提に強制行動をとれるとしたのも、連盟が侵略行為に有効な対策をとれなかった教訓のためだといってよい。国連憲章に脱退条項を設けなかったのも、安易な脱退を防ぐためだ。

最上敏樹は『国際機構論講義』の中で「国連は懸命に連盟の「失敗」から学ぼうとし、ある意味でそれから学びすぎた」と指摘している。事実、国連は大国に頼りすぎたゆえのジレンマに陥り、ロシアのウクライナ侵攻により崩壊の際に立っている。改革の必要性が叫ばれているが、実現はできるのだろうか。

ロシア	30回
アメリカ	19回
中国	16回
イギリス	0回
フランス	0回

常任理事国の拒否権発動数
（1990年〜2022年5月26日）

†ゼレンスキー大統領の訴え

「あなたたちは国連を終わりにするのか。いいえと言うならただちに行動すべきだ」

二〇二二年四月五日、ウクライナのゼレンスキー大統領は、国連安全保障理事会でのオンライン演説で力強く訴えた。

数日前にはウクライナの首都キーウ近郊ブチャなどで、ロシア軍によるとみられる民間人の殺害が報告されていた。しかしロシアの拒否権行使により、安保理が対応策をとれる見通しはなかった。世界の平和を担うべき安保理の機能不全は極まっていた。国連総会は「平和のための結集会議」を開き、対ロシア非難決議を採択していたが拘束力はなく、国際社会の意思を示すにとどまっている。

ゼレンスキーは「第二次世界大戦以降、もっとも恐ろしい戦争犯罪が行われている」と指摘。安保理は機能しておらず、国連改革へ行動が必要だと訴えた。

しかし、国連創設以降、各国はこのことに気がつかなかったわけでも、これまで何もしなかったわけでもない。五常任理事国（P5）が支配する安保理を改革せねばならないとの思いはあったし、改革の動きも何度もあったが、P5の権限に踏み込もうとした段階ですべての試みは頓挫したのだ。

2 失敗続けた安保理改革

†常任理事国入りをめぐる争い

最初は一九五〇～六〇年代だった。英仏などの植民地だったアジア・アフリカ諸国が相次いで独立、加盟国が続々と増え、創設当初の倍を超えていた。当時の安保理はP5＋非常任理事国六カ国の一一カ国構成だった。原加盟国の多い中南米諸国から安保理を拡大せよとの声が強まり、非常任理事国を四カ国増やし、計一〇カ国にすることに成功した。

次は冷戦後の一九九〇～二〇〇〇年代において、断続的に続いた。このころは中ロも国際協調姿勢をとっており、国連は活性化の時代を迎えていた。国連の伝統的な課題である南北問題だけでなく、地球温暖化、環境などグローバルな課題が続出し、多角的に取り組むべきとの声が上がっていた。改革には絶好の機会だった。

改革を求める声を受けて、一九九三年一二月三日、国連総会は安保理改革を討議する総会直属の作業部会を設置する決議を全会一致で採択した。具体的な討議を交わす初の公式の場だ。翌年から議論が始まったが、最大の焦点は常任理事国を増やすかどうか、増やすとすれば何カ国増やし、どの国にするのかだった。この時点で最有力なのは日本、ドイツの二カ国。クリントン米政権は日本への支持を表明し、常任理入りを悲願とする日本政府は、国連創設五〇周年となる一九九五年を目標に実現を目指した。

しかし一九九四年八月三〇日、ブトロス・ガリ事務総長は日本人記者団に、翌年の国連総会で安保理改革が決まる可能性について「二年前は希望を持っていたが、今はそうは思わない。長い時間がかかる」と指摘した。原因は日本とドイツ以外の国が相次いで常任理入りに名乗りを上げ、収拾がつかなくなったことだった。インドのプラナブ・ムカジー商業相は一〇月三日、安保理は戦後の資本主義体制の基礎となった「ブレトンウッズ体制の機関」ではないと述べ、資本主義の大国である日本とドイツのみが常任理入りを認められるのはおかしいと批判した。ブラジル、ナイジェリアも常任理に立候補を表明した。

P5内からも異論が上がっていた。とくに戦後処理をきちんと終えていない日本の常任

1945年		安保理設立（常任理事国5、非常任理事国6、国連加盟国）
1965年		非常任理事国が10カ国に
1993年		安保理改革に関する作業部会を設置
1997年		ラザリ国連総会議長が常任理事国+5、非常任理事国+4の改革案を提案
2003年		国連の組織改革を議論するハイレベル委員会設置
2004年		日本含むG4が理事国拡大の働きかけを強める
2005年	9月	G4、アフリカ連合による改革決議案が廃案に
2006年		S5、安保理改革を求める総会決議案をまとめる
	9月	国連首脳会合の成果文書において、早期の安保理改革の必要性が確認される
2009年		安保理改革の政府間交渉がスタート
2013年		仏オランド大統領、P5は人道危機の際に拒否権行使を控えるよう提案
2015年		各グループ・国の立場をまとめた交渉文書が配布される
2022年	3月	自民党党大会にて、岸田首相が安保理改革の実現に全力を挙げると訴え
	4月	ゼレンスキー大統領、安保理オンライン演説で国連改革の必要性を訴え

安保理改革の動き

理入りには、中ロから疑問の声が出た。一九九四年一二月五日にはロシア外務省高官がインタファクス通信に対し「日ロの平和条約締結問題と、日本の常任理入りにロシアが賛成するかどうかには関連がある」と述べ、日ロ平和条約の締結なしに常任理入りは認めがたいとの姿勢を表明した。

中国では、外務省報道官は日本の姿勢を理解するともとれる発言をしていたが、一〇月六日に上海の有力紙『文匯報』が、日本の常任理入り希望は「独り善がりではないのか」とする論評を掲載した。経済力は資格にはならず、「かつての侵略行為など一連の歴史問題への態度でアジアの国々の信頼を勝ち取れなければかなわぬ夢となるだろう」とした。

要は、日米同盟一辺倒の日本の外交姿勢は甘すぎたのである。国連のような多国間外交の舞台で難しい問題を実現しようとすれば、全方位外交が不可欠となる。

†G4対コーヒークラブ対P5

一九九七年にはラザリ・イスマイル国連総会議長が新たな改革案を示す。常任理を五カ国増やすなど、理事国総数を現在の一五から二四にするとの案だったが、議論を大きく動かすほどの力はなかった。

次のチャンスは国連創設六〇周年の二〇〇五年だった。イラク戦争開戦をめぐる問題で国連の力量不足を痛感していたアナン国連事務総長が、二〇〇三年一一月に安保理改革を話し合う「高級諮問委員会」の設置を発表した。委員長にアナン・パンヤラチュン・タイ元首相が就任し、国連難民高等弁務官を務めた緒方貞子や中国元副首相の銭其琛、米国のブレント・スコウクロフト元大統領補佐官ら計一六人が委員に名を連ねた。

常任理入りを目指す日本、ドイツ、インド、ブラジルの四カ国は二〇〇四年九月二一日に初めて首脳級会合を開き、安保理改革へ共同声明を発表した。四カ国は「G4」と呼ばれるようになる。しかしG4のライバル国である韓国、イタリア、パキスタン、アルゼンチンなどは「コーヒークラブ」を結成、G4の動きを牽制し始める。

高級諮問委は同年一一月三〇日に報告書を公表。安保理拡大についてA案（常任理六カ国と非常任理三カ国を増やす）とB案（改選可能な任期四年の準常任理事国八カ国を新設し非常任理一カ国を増やす）を併記し、新たな常任理には拒否権を与えないと明記した。この報告書に基づき、アナン委員長は二〇〇五年三月二〇日、加盟国は同年九月の特別首脳会合前に決断するよう合意すべきだとの勧告を発表した。安保理改革に向け初めてタイムラインが示され、G4は国連憲章の改正決議案の提出を目指して動き出した。

しかし具体化し始めると、P5が反対の声を上げ始めた。中国の王光亜国連大使は四月四日、安保理改革は「加盟国の合意が不可欠。合意達成まで忍耐強く協議を重ねるべきだ」と述べ、期限を切ったアナンの勧告に反対する姿勢を示した。四月一二日にはP5の外務省局長級会合が北京で開かれ、中国は改革に期限を設けるべきではないと改めて強調した。

さらにアフリカの約五〇カ国が加盟するアフリカ連合（AU）が、常任理ポストを目指して独自の決議案提出に動き出した。韓国、イタリアなど「コーヒークラブ」への賛同国も増え「コンセンサス（総意）グループ」と呼ばれるようになる。

こうしたなか、G4は七月六日、安保理を二五カ国に拡大する「枠組み決議案」を国連に提出する。

G4はAUとの共同決議案策定を目指し協議に臨んだが、AUは八月四日の臨時首脳会議で共同決議案を見送った。G4との協議決裂である。これでG4案が国連総会で採択されるのはほぼ絶望的となり、廃案に追い込まれる。

改革の機運は一気にしぼんだが、道筋は残っていた。二〇〇九年二月一九日には安保理改革のための政府間交渉が始まる。高須幸雄国連大使は当時、筆者に「政府間交渉だと実

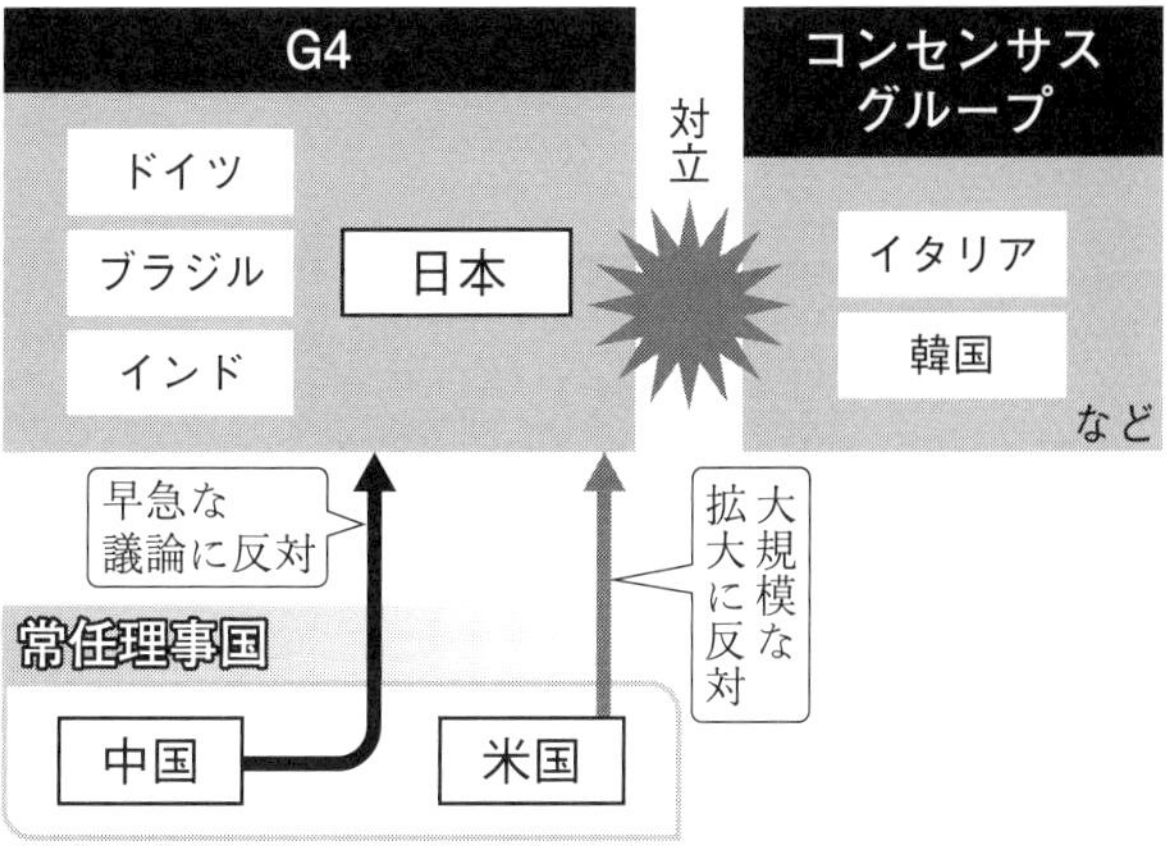

安保理改革をめぐる構図（2005年）

質的な議論ができるから意味がある」と説明したが、G4を警戒するコンセンサスグループの動きなども伝えられ、参加国に熱気はなかった。

こんななか、六月二二、二三日に行われた政府間交渉の後、ある国連当局者から一枚のペーパーを見せられた。P5が作成し、非公開を前提で各国に配布したものだという。P5が拒否権について「現状の変更は許されない」との共通認識を記したものだった。拒否権について「（常任理の）重大な責任」を担保するものだと強調し、国連総会が安保理の権限に関与することにも反対を表明していた。事実上、政府間交渉の否定である。

彼はペーパーを手元に戻しながら、だから

ダメなんだよ、わかるでしょという表情をした。安保理改革には国連憲章改正が必要で、加盟国の三分の二以上の賛成、P5を含む加盟国の三分の二以上の批准で発効するが、現実には五常任理の一致した賛成が不可欠だ。

†動きだした岸田首相

安保理の常任理事国入りは、日本外交にとり悲願となっている。日本は中国に抜かれたとはいえ、国内総生産（GDP）世界第三位の経済大国で、第二次世界大戦後、民主的な平和国家として不戦を貫いてきた。常任理になることは、日本国憲法前文の「われらは、平和を維持し、専制と隷従、圧迫と偏狭を地上から永遠に除去しようと努めてゐる国際社会において、名誉ある地位を占めたいと思ふ」との精神にも合致する。このため歴代の政権は外交の優先課題として取り組んできた。しかし改革の試みはすべて失敗し、常任理入りを訴えてきた日本は涙を飲んできた。

それが今、ロシアのウクライナ侵攻により、安保理の機能不全が改めて露呈した。P5の持つ拒否権にも疑問の声が上がっている。改革へのチャンスだ、いまこそ動くべきだと日本政府が考えるのは不思議はないだろう。

岸田文雄首相が最初に決意を表明したのは二〇二二年三月一三日の自民党大会だった。ウクライナ侵攻を「暴挙」とし、新たな国際秩序の枠組みが必要だとして安保理改革の「実現に全力を挙げる」と訴えた。これを自民党も追認する。党の外交部会などは四月五日、国連改革に向けた政府への提言案を了承した。

外交も動き出した。岸田は三月一九日、訪問先のインドでモディ首相と会談した。インドとはG4として安保理改革を目指し協調したこともあり、改めて努力すると申し合わせた。四月五日にはトルコのエルドアン大統領と電話会談を行い、安保理改革の必要性があるということで一致した。インドもトルコもロシアとは友好国で、欧米が呼びかける経済制裁にも参加していない。こうした国もウクライナ侵攻に伴うロシアの拒否権行使には否定的で、安保理改革が必要とみているとなると、実現できそうな気がしないでもない。しかしここまでの記述からわかるように、安保理改革は仮に実現するとしても、かなりの時間が必要だ。

†ロシアの資格剥奪はあるのか

それならいっそのこと、ロシアの国連加盟国の資格を停止したり、除名することはできないのだろうか。国連憲章には以下の条項がある。

第五条

安全保障理事会の防止行動又は強制行動の対象となった国際連合加盟国に対しては、総会が、安全保障理事会の勧告に基づいて、加盟国としての権利及び特権の行使を停止することができる。これらの権利及び特権の行使は、安全保障理事会が回復することができる。

第六条

この憲章に掲げる原則に執拗に違反した国際連合加盟国は、総会が、安全保障理事会の勧告に基いて、この機構から除名することができる。

今回のウクライナ侵攻ではロシアの拒否権行使で安保理は動きがとれない。国連事務総長の選出のようにＰ５の一カ国でも反対すれば勧告はできない。ロシアの除名を提案しても当のロシアが拒否権を行使するのは明らかだ。中国も反対するだろう。

要は、国連憲章は最初からＰ５の地位も特権も簡単には奪えないように作られているのだ。

ホワイトハウスのサキ報道官は二〇二二年四月八日、バイデン大統領の安保理改革に対する考えを問われて「ロシアがＰ５から追い出されるかどうかということなら、そんなことは起きないと考える」と強調した。米国としてロシアの特権を取り上げるつもりはないと明言したといってもよいだろう。

やはり安保理改革を実現しＰ５の特権を制限するほうが近道なのだ。岸田は三月一四日の参院予算委員会で、安保理改革への意欲を示した。

中国外務省の趙立堅副報道局長は同日、岸田の提案について「日本側の見解に同意していない」と反対の意向を示した。趙は「米国が違法にイラクを侵攻したときや旧ユーゴスラビアを爆撃したときに、日本はこのような表明をしたのか」とも指摘した。

安保理改革は国際情勢によほど大きな変化がない限りは、相当困難だとおわかりになっただろうか。

3　希望

†国連は死んでいない

これまで、中ロと米欧の対立によって安保理の機能不全は極まり、その改革も難しいことをみてきた。ならば、国連は国際連盟のように解散せざるを得ないのだろうか。筆者は、それは違うと言いたい。

ロシアのウクライナ侵攻では、国連の人道支援機関、国連難民高等弁務官事務所（UNHCR）や国際移住機関（IOM）、国連児童基金（UNICEF）や世界食糧計画（WFP）などが、ウクライナや周辺諸国にスタッフを展開し、避難民らへの支援を行っている。戦地から寄せられる報告を読むと、国連は死んでいないのだとの思いを新たにさせられる。

これらの機関のほとんどが、スイス・ジュネーブに本部や拠点がある。国際連盟時代からジュネーブは、国際赤十字が本部を置くなど国際的な人道・人権活動の本拠地として知られていた。ジュネーブに本部があり、労働者の人権を守ることを主眼とした国際労働機関（ＩＬＯ）は、一九一九年に創設された最古の国連機関だ。人道・人権を守る活動は、国際連盟時代から受け継がれてきたジュネーブの遺伝子という感じがする。

国連ができてからもこの伝統は変わらず、人権理事会が開かれる国連欧州本部の建物パレ・デ・ナシオンは「人権の府」とも呼ばれる。国連人権高等弁務官事務所もジュネーブに本部がある。実際ジュネーブで取材をしていると人道・人権に関心を持って国連職員になったり、人権ＮＧＯで活動している人によく出会う。

事実、国際人道法の根幹部分はジュネーブで作られたのだ。日本赤十字社によると、国際人道法とは武力紛争の際に適用される原則や規則を網羅したもので、そうした事態にあっても人道を基本原則として掲げ、紛争当事者の行為を規制する役割を負っている。

一八六四年にジュネーブでの会議において、陸上の戦闘による傷病兵の保護を定めた最初のジュネーブ条約が採択された。戦争映画などを観ていると、旧日本軍の捕虜になった米英の将校が「ジュネーブ条約に基づいた取り扱いを求める」などという場面があるが、それはこの条約のことだ。第二次世界大戦後、この条約を基に「戦地にある軍隊の傷者および病者の状態の改善に関する条約」「海上にある軍隊の傷者、病者および難船者の状態の改善に関する条約」「捕虜の待遇に関する条約」「戦時における文民の保護に関する条約」のジュネーブ四条約が制定され、冷戦下にもかかわらず、主要国が相次いで締結した。このジュネーブ四条約は、紛争下で当事国が守らねばならない最低限のルールといえる。ウクライナ侵攻ではロシアがこの最低限のルールを守っていないと指摘されている。違法で非人道的な行為が行われているかどうか調査し、告発するのはまさにこれら国連機関の仕事なのだ。

篠原初枝は『国際連盟――世界平和への夢と挫折』の中で次のように書いている。

国際連盟が残した具体的成果は、社会・人道面にあった。保健衛生、難民、知的協力などの面で、国際連盟は現在につながる制度や仕組みを作ったのであり、実際に国際連盟の活動によって感染症から救われ、難民として他国への移住が可能になった人々もいた。(二六七頁)

現在、国連には国際連盟時代とは比べ物にならない数の機関や関係組織があり、地球温暖化、感染症対策、貧困撲滅などグローバルな課題に取り組んでいる、ウクライナ侵攻は国連の基幹部分である安全保障理事会の機能不全をあからさまにしたが、たとえ安保理の機能が停止することがあってもこれらの機関は活動を続けるだろうし、各国もそれを支持するだろう。国際連盟時代から脈々と続いてきた人道・人権活動の伝統はそう簡単に絶えるものではないのである。

ウクライナ侵攻を受けて国連改革の必要性が指摘されている。筆者はＰ５の拒否反応が強い安保理改革はひとまず棚上げし、総会機能の強化に焦点を当てるべきだと思う。総会では中国の影響力が強まってはいるものの、核兵器禁止条約制定における小国の活躍をみても、人類共通の問題に希望をもって対処できるのは、もはや一九三の加盟国が集まり、討議、決定できる総会しかない。紛争下での一般市民の大量虐殺や大規模な人道犯罪に対しては総会決議で制裁などが発動できるようにしないと、悲劇は何度でも繰り返されることになるだろう。

†Ｓ５（スモールファイブ）の挑戦

前項で、安保理改革は難しいと書いた。なぜ難しいのかといえば、Ｐ５が抵抗するからである。Ｐ５はなぜ抵抗するのか。改革に手をつければ拒否権という特権に触れざるを得ないからである。Ｐ５のみが拒否権を持つことへの反発は国連創設時からあった。第二章で、拒否権は国連創設の際に大国を国連につなぎとめるために付与されたものだと指摘した。しかしＰ５が侵略行為に乗り出したときに拒否権が使われれば安保理が動けなくなるだろうということは、当初から指摘されていたのだ。

米ソの拒否権行使に世界が翻弄された冷戦の後、敢然と挑戦するグループが現れた。スモールファイブ（Ｓ５）と呼ばれる五カ国だ。スイス、リヒテンシュタイン、シンガポール、ヨルダン、コスタリカと小国ばかり。五カ国合わせても人口は三一〇〇万人に満たず、Ｐ５でもっとも人口の少ないフランスの半分もない。

スイスは永世中立国で長年、国連に距離を置いてきたが、二〇〇二年の国民投票の結果、国連に加盟した。リヒテンシュタインはスイスとオーストリアに国境を接する人口四万人に満たない非武装中立国家だ。シンガポールは中立的な外交姿勢を取り、七七カ国グループ（Ｇ77）の有力メンバー。ヨルダンは中東の親米国だが、イスラエルとも早い段階で国交を持つなど柔軟な外交で知られる。コスタリカは中米の「軍隊を持たない」国として有名で、核兵器禁止条約制定で主導的な役割を果たした。

国連を取材していると、しばしばこうした小国の活躍を目にする。国連では主権平等の原則があるため総会では大国と同じ一票があり、発言権もある。志を同じくする国とグループを組んで行動すれば大国とも十分渡り合える。核兵器禁止条約がそうした発想の下で制定されたことは第四章で書いた。国連ですべてを大国の思いどおりにはさせないとの強い意志を持つ国も少なくない。米英ロがウクライナの安全保障を確約する「ブダペスト覚書」をウクライナとの間で交わしながら簡単に反古にしたように、小国が大国に踏みつけられてきた歴史があることを忘れてはいけないだろう。これらの小国の動きが、今後の安保理改革の鍵になる可能性がある。

S5は、国連創設五〇年で安保理改革の機運が高まった二〇〇五年に活動を開始した。P5による密室外交の場となっていた安保理について、協議の透明性を高めたり、非常任理事国やほかの加盟国とも定期的に協議を行うことなどを求める総会決議案をまとめた。P5に対し、ジェノサイド（大量虐殺）や深刻な人権侵害が起きた場合は拒否権行使の制限を求める項目もあった。最終的にこの決議案は提出されなかったものの、P5はこの主張を一部受け入れ、安保理の透明性を高める改革がなされていく。

ウクライナ侵攻後、ロシアの拒否権行使への批判の高まりを受けて、拒否権が用いられた場合、行使した国に国連総会での説明を求める総会決議が採択されたことは第一章で紹介した。この決議案はリヒテンシュタインなどの「コア・グループ」が約二年前から準備していたものだ。「コア・グループ」については明らかにされていないが、S5が母体になった可能性がある。

話が先走ってしまった。S5の提案は、のちに安保理の機能を正常化させようというフランスのある試みにつながっていく。

†P5の一国による提言

ロシアのウクライナ侵攻により国連は壊された。しかし粉々になったわけではない。修復し、より強い組織に生まれ変わることも可能だ。その鍵はどこにあるのか。筆者は国連が、国際連盟時代から続く人道・人権活動の伝統を受け継いでいると指摘した。この伝統を体現する人権理事会のような組織と小国の連携が、国連再生の手掛かりになるのではないだろうか。

二〇一三年、フランスのフランソワ・オランド大統領は安保理の五常任理事国に対し、ジェノサイド（大量虐殺）や大規模な人権侵害、深刻な戦争犯罪が起きた場合は自発的に拒否権行使を控えることを求める提案を行った。提案の下敷きとなったのは、前項で触れたＳ５の決議案だった。

Ｐ５の一国であるフランスが提案に踏み切ったきっかけは、二〇一一年から始まったシリア内戦である。「アラブの春」をきっかけにした、シリアのアサド政権と反体制派の内戦は二〇一二年末の段階で四万人以上の死者を出し、うち三万人以上が一般市民と推定されていた。住宅地区が空爆され、女性や子どもらが殺害され、シリア軍による化学兵器の使用も指摘されていた。二〇一三年初めには国外に逃れたシリア難民は七〇万人近くにもなっていた。

シリアの宗主国であったフランスは、英国などとともに安保理に何度も即時停戦などを求める決議案を提出したが、アサド政権を支援していたロシアが中国とともに拒否権を行使し、すべて妨げていた。

二〇一三年春には、シリア人口の半数に当たる約一〇〇〇万人が年末までに人道支援を必要とする状態になり、二一世紀最大の人道危機になるといわれていた。安保理の無力への批判も高まっていた。当時の英国の国連大使は、「昨年七月に（中ロが）安保理決議案に拒否権を行使した後に新たに五万人が亡くなっている」と嘆いた。

オランドの提案は、世界で大量虐殺が起きた際に安保理が麻痺するのを甘んじて受け入れないための解決策だった。ジェノサイドや深刻な戦争犯罪の定義が必要となるものの、一九四八年のジェノサイド条約や、国際刑事裁判所（ＩＣＣ）の設立規定であるローマ条約などの規定に従えばよいとした。

問題は誰がそのような事態になっているか判断し、宣言するかだ。

オランドは国連憲章第九九条に基づき国連事務総長が負うべきだとした。国連憲章第九九条は以下のとおりだ。

第九九条

事務総長は、国際の平和及び安全の維持を脅威すると認める事項について、安全保障理事会の注意を促すことができる。

事務総長を国連のトップと考えている人は多いと思うが、実は違う。安保理の勧告に基づいて総会に任命される国連行政機関の長であり、Ｐ５の支持がなくては職務を遂行できない立場なのだ。

一方、安保理は国連の最高意思決定機関だ。国連憲章上、その上に立つ機関はないのだ。

行動が制約されれば、初のケースとなる。

ただ現実問題として、事務総長が独断で決めることはありえない、オランドの提案は「事務総長の主導権か、国連人権高等弁務官の提案か、地理的な多様性を反映した一定数の国連加盟国の提案」のいずれかに基づくべきだというものだった。

事務総長は人権問題の専門家ではないので、国連の人権活動に責任を持つ人権高等弁務官のアドバイスに従う可能性は高い。人権高等弁務官とは国連人権理事会の事務局である人権高等弁務官事務所のトップで、人権理事会の意思を無視して行動することはできない。「地理的な多様性を反映した一定数の国連加盟国」というのがどういうものかは明確にされていないが、四七カ国から構成される人権理事メンバーは地理的配分により選出されており、この条件にあてはまる。これは、P5の力の源泉たる拒否権を行使できるかどうかの判断を、人権理事会に委ねる可能性を開く、画期的な提言だったのだ。

オランドは、拒否権行使を控えるかどうかはあくまでP5各国の自発的な決定に委ねるもので、拒否権を定める国連憲章の改正は必要ないとしたが、それにもかかわらず、P5で一致した賛成は得られなかった。

歴史的な経緯をみれば当然である。P5は第二次世界大戦後、国連に君臨してきた。前にも見たように、米国はＩＣＣの検察官が安保理の意向を無視して行動する可能性があるとして、その設置に反対したぐらいである。その手足を縛る提案に安易に賛成するはずがない。

かろうじて英国だけが賛意を示した。仏英両国は二〇一五年一〇月三〇日に国連総会で演説し、人道危機が発生した場合、自分たちは拒否権を使わないと宣言した。しかし二ヵ国では意味がない。Ｐ５の一ヵ国でも拒否権を行使すれば、安保理は行動できないのだ。この場でもロシアは「常任理事国の特権を弱めるいかなる考えも許容できない」と主張し、拒否権はバランスの取れた安保理の決定に貢献していると言い張った。

†人権理事会への信頼

シリア内戦はこの後、政権を後押しするロシアやイラン、反体制派を支持するトルコや欧米諸国などが介入し収拾がつかなくなるが、中ロは安保理協議で拒否権を行使し続ける。たまりかねた国連のフセイン・ゼイド人権高等弁務官は二〇一六年一〇月四日、シリアは深刻な人道危機に陥っているとの認識を示し、Ｐ５は解決に向け拒否権行使を制限すべきだと強調した。国連高官としてはかなり踏み込んだ発言だ。ゼイドはヨルダンの王族出身。

ヨルダンはS5の一員だ。こののち、ゼイドは一期のみで高等弁務官の職を離れるが、P5への歯に衣着せぬ批判に加え、この発言でいっそうの不興をかったのは間違いない。

ゼイドは、二〇一七年八月にミャンマーで少数民族ロヒンギャの大規模な迫害が起きた際にも「典型的な民族浄化の様相を呈している」と指摘。ジェノサイド（大量虐殺）になる前に国際社会が行動を起こすべきだと警告した。

ゼイドが懸念したように、世界はこの約四半世紀だけでも何度となくジェノサイドや大規模な人権侵害を目撃してきた。一九九四年にルワンダで起きた紛争では、フツ人主体の政府軍や民兵が、ツチ人やフツ人穏健派ら約八〇万人を殺害したとされる。国連は前年に治安維持などを任務とする国際連合ルワンダ支援団（UNAMIR）を派遣しており、大規模殺害が起きていることは把握していた。しかし民族紛争への介入にクリントン米政権などが消極的で大規模な部隊の派遣はかなり遅れ、本格的に展開したときはすでに遅すぎた。

ボスニア・ヘルツェゴビナ紛争で起きた一九九五年のスレブレニツァ虐殺については第一章で触れた。二〇〇三年にはスーダン西部ダルフール地方で政府軍が、対立する黒人系住民の村などを無差別に攻撃、三〇万人以上が死亡したとされる。

最近では、国連人権理事会でミャンマー政府によるロヒンギャへの迫害や、中国による新疆ウイグル自治区の少数民族ウイグル人への人権侵害が早い段階から取り上げられ国際問題化した。ルワンダ虐殺の教訓は、人権侵害が報告された時点で警告し、介入することの大切さだ。こうした意味で、二〇〇六年に国連総会の下部機関として発足した人権理の活動は重要だ。

もともと国連には、国際的な人権保護を担うために一九四六年に設置された人権委員会があったが、経済社会理事会の一委員会に過ぎず、権限なども限られていた。しかし冷戦後、人権問題への関心が高まるなか、二〇〇五年九月の国連総会特別首脳会合で人権理事会の設立が決まった。ジュネーブの国連欧州本部で年に最低三回会合が開かれ、決議に拘束力はないものの、国連加盟国の人権状況を監視し、深刻な人権侵害がある場合、勧告などで改善を求めることができる。理事国は四七カ国で、総会で公平な地理的配分に基づいて選出されるが、選ばれるためには全加盟国の過半数の票が必要だ。人権委と異なるのは、理事国が深刻な人権侵害を起こした場合、資格を停止できるようになったことだ。ロシアも理事国だったが、ウクライナ侵攻後に発覚した大規模な人権侵害事案により、事実上、人権理を追放された。

人権理は発足以降、人権・人道問題で活発な活動を繰り広げている。フランスが人道問題に絡めて拒否権行使を制限する提案をした背景にも、人権理への信頼があったといえる。国際人権団体などが自由に発言、活動できるうえ、議事の透明性も高い。

国際社会でアピールする場所としては理想的ともいえ、トランプ米政権は二〇一八年にアラブ諸国がイスラエル批判を自由に繰り広げる場になっているとして離脱した（その後、バイデン政権になって復帰している）。ウクライナ侵攻後、国連総会がロシアを人権理事会メンバーから外し、事実上追放したのも、懲罰の意味に加え、人権理でロシアのプロパガンダを一方的に広げられるのを阻止する狙いがあったともいえる。

†国連再生の道はあるか

ウクライナ侵攻では、人権理は二〇二二年三月四日に戦争犯罪や大規模な人権侵害を調査する委員会の設置を決議した。

こうしたなか、フランスの提案は人道・人権面から安保理を蘇生させる試みとして注目を集めている。岸田文雄首相は三月一四日の参院予算委員会で、安保理で拒否権行使は最大限自制されるべきだと強調。容易に解決できる問題ではないが、安保理改革に意欲を示すフランスなどと協力して取り組んでいきたいと発言した。

しかし、日本が人道・人権を重視する立場から米中ロを説得しようとするならば、より多くの難民を受け入れたり、国内の人権保護態勢も改善したりせねばならないだろう。現在のように、人権理の審査でさまざまな問題点を指摘されているようでは説得力がない。

たとえば、二〇一七年一一月の人権理で行われた日本の人権状況審査では、もはや先進国で残しているのは米国と日本だけとなった死刑制度を廃止できないかと指摘されたことに加え、男女の賃金格差、不十分とされる性的少数者（LGBT）の権利保護、子どものいじめや児童虐待など多くのことが問題だとされた。


第二次世界大戦後、東西冷戦で機能不全が続いた安保理はP5の「秘密外交」の場と化し、冷戦後にようやく改革が始まったが、P5の特権たる拒否権には手がつけられなかった。

一方、世界各地で紛争は起き、ジェノサイドなどの大規模な人権侵害はやまない。世界的に高まる人道・人権擁護の声を背景にフランスが安保理を正常化させようとした拒否権制限の提案は画期的といえよう。これをきっかけにP5の特権に風穴を空けることができれば、国連が再生する第一歩となろう。ウクライナ侵攻はその機会を国際社会に与えているのかもしれない。

第六章

中国は台湾に侵攻するのか

中国軍上陸に備えて軍事演習を行う台湾軍。(2019年5月30日、台湾・恒春、共同通信社)

1 「台湾有事は五年以内」の予測も

†日本の安全保障が受ける影響

ロシアのウクライナ侵攻は日本の安全保障にどのような影響を与えるのだろうか。侵攻以降、ロシアの艦艇が津軽海峡や宗谷海峡を相次いで通過したほか、二〇二二年三月二日にはロシア機とみられるヘリコプターが北海道・根室半島沖で日本領空を侵犯。航空自衛隊の戦闘機が緊急発進（スクランブル）している。これらをもってロシアが北海道に侵攻するなどと考えるのは無理があるだろう。現在、ロシアが日本に戦争を仕掛ける何の大義名分もないのに日本の領土に攻め込み、米国の介入を招くリスクをとるとは考えにくい。

もちろん防衛上、これまで以上にロシアを意識せざるを得ないだろう。しかし当面の危機としては、中国がウクライナ侵攻を国際秩序変革の好機ととらえ、国家目標とする台湾統一に乗り出す可能性を考えたほうがよい。この場合、尖閣諸島をはじめとする南西諸島が戦場になったり、中東からの日本向けタンカーが通る重要なシーレーン（海上航路帯）の台湾周辺海域が中国の影響下に置かれる恐れがあり、日本の安全保障ばかりか国民の生活までも大きく揺らぐことになる。

†ウクライナ侵攻はテストケース

第一章で、中国はロシアからウクライナ侵攻について事前に通告されていた可能性が高いと指摘した。中国がその後も戦争の推移を慎重に観察しているのは間違いない。国連の常任理事国である大国が隣国に攻め込む初のケースだ。ロシア軍の作戦展開、ウクライナ軍の反撃態勢はいうまでもなく、国際社会の反応や欧米の経済制裁の効果など、台湾統一を考えている中国にとってはすべてがテストケースになっているといってよい。さまざまなチャンネルで情報収集を進め、分析しているとみられる。

一方、ロシア側にとっては、中国は冷戦終結後、一極支配を狙う米国に対して共闘してきた同盟国だ。米中央情報局（CIA）のバーンズ長官は四月一四日、中国の習近平国家主席について、プーチン大統領によるウクライナ侵攻の「寡黙なパートナー」だと指摘、中国の出方が米国の最大の課題になっていると警戒感を示した。米紙『ニューヨーク・タイムズ』は同月一三日、ロシアが中国に対し、欧米に科されている対ロ制裁を緩和するための経済支援のほか、軍装備の提供を要請したと報じた。中国はただちに否定した。しかし軍事支援の兆しはないものの制裁には明確に反対し、ロシアからの輸入を増やすなど支援をしているのは確かだ。

中国にとっては、将来の台湾統一を成功させるためにもロシアの敗北は困るのだ。プーチン政権が崩壊し、親欧米政権がロシアにできて北大西洋条約機構（NATO）に加盟するような状況を想像するとよい。中国は西からはNATO、東からは日米などの挟み撃ちになり、台湾どころではなくなる。ウクライナでロシアが追い詰められると、朝鮮戦争時に北朝鮮支援のために義勇軍を派遣したようなことが起きないとも限らない。

習近平の悲願

近い将来に台湾有事は起きるのか。

まずは中国の事情をみてみたい。中国では二〇二二年後半に共産党大会が開かれる。中国は共産党の一党独裁体制であり、党の決定は非常に重大だ。五年に一度の大会では党の人事が焦点の一つとなるが、今回は最高実力者の習近平総書記が三期目を決めることが確実になっている。習近平は二〇二二年六月一五日に六九歳となるが、二〇二七年の党大会での四期目入りも視野に入っているともいわれる。

習近平が異例の長期政権で目指すものは何なのか。習仲勲元副首相を父に持つ習近平は太子党（高級幹部の子弟）の中心人物として頭角を現し、二〇一二年に党総書記に就任した。反腐敗運動に取り組んで喝采を浴びる一方、反腐敗を名目とした政敵排除により権力を集中させ、国家元首である国家主席と中国人民解放軍の最高司令官である中央軍事委員会主席も兼ねる。順調な経済成長で軍事力増強も実現し、翌年には巨大経済圏構想「一帯一路」を発表し、国際政治の表舞台にも立つようになった。二期目には「一強体制」を盤石とし、他国に対しては「戦狼外交」と呼ばれる攻撃的な外交姿勢を取るようになっていく。

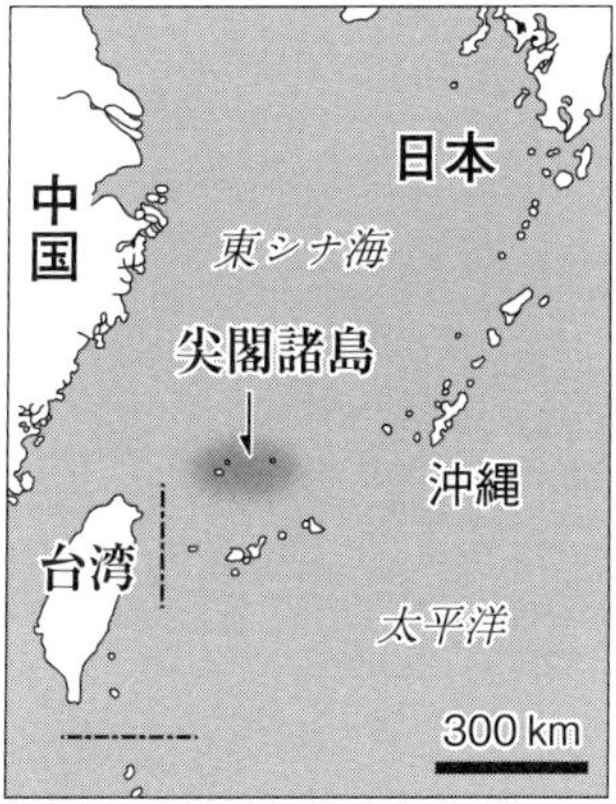

台湾と尖閣諸島

南シナ海では岩礁を埋め立て人工島を造成して軍事拠点化を進め、アジア諸国の反発を受ける。「一国二制度」を約束したはずの香港でも民主化運動を弾圧し、香港国家安全維持法（国安法）による統治強化を図っている。米国とも対立することが増え、トランプ政権下では貿易摩擦が激化した。国連ではロシアとの協調を強化する一方、途上国・新興国グループのG77（七七カ国グループ）やNAM（非同盟諸国）と連携し、影響力を拡大していったのは第三章でみたとおりだ。

習近平の目標は二〇三五年までに国力を飛躍的に向上させ、米国を抜いて経済規模で世界一位となり、軍事力でも米国と肩を並べる存在となることだ。その先にあるのが悲願とする台湾統一だといってよいだろう。二〇二一年七月一日には習近平自身、党創建一〇〇年の記念演説で台湾統一は「党の歴史的任務」だと明言している。

†米司令官の予想

こうした動きを背景に、中国ウォッチャーの間では、習近平が生きている間に台湾進攻に踏み切るのではとの観測が出ていた。二〇一六年に台湾で独立志向を持つ民主進歩党の蔡英文が総統に就任して以降、台湾周辺での軍事圧力を強めるようになっていたからだ。軍用機が中台間の中間線を越えて台湾側へ進入したり、台湾防空識別圏へ入り込むことが常態化。米軍の台湾周辺での軍事演習や米台交流などに対しても軍事的圧力をかけることが増えた。

一方、蔡英文は二〇一九年に習近平が提案した「一国二制度」による台湾統一には反対する一方、民進党が党綱領に盛り込んでいる「台湾独立」には触れず、中国を極端に刺激しない姿勢を貫いてきた。

二〇二一年一月に米議会の諮問機関である米中経済安全保障調査委員会は、中国軍が台湾上陸作戦に必要な能力を獲得したとみられるとの報告書を公表した。同年三月には米インド太平洋軍のフィリップ・デービッドソン司令官が上院軍事委員会で、台湾有事が六年以内に起きる可能性があると発言し、波紋を広げた。

デービッドソンの予想どおりだとすれば、台湾有事はあと五年以内に起きる。今後五年の中台関係の大きな政治的イベントとしては、まずは二〇二四年の台湾総統選、その後に二〇二七年の中国人民解放軍創設一〇〇年がある。

蔡英文は二〇二〇年の総統選で再選したが、憲法の規定で三選はできない。二〇二四年の総統選は与党、民進党と野党、国民党の一騎打ちの構図だが、親中路線を取る国民党の候補が当選すれば中国にとっては安心材料となる。民進党の候補が勝っても中国を刺激しない蔡英文路線が継承されれば現状維持が続くだろうが、独立に向けた動きが高まると、状況次第では軍事的な緊張が高まる恐れもある。

†アメリカは介入するか

台湾統一を目指す中国がもっとも警戒するのは米国だ。一九五〇～九〇年代に中台の軍事的緊張が高まるたびに米国が介入し、涙を飲んできた経緯があるからだ。対応を誤ると米中戦争にもつながりかねず、中国にとって望ましくない結果を引き起こしかねない。

中国からの圧力を受けながら台湾が存続できたのは、米国の支援があったからだといえる。簡単に振り返ると、一九四九年一二月に蔣介石総統の国民党政権が中国共産党との内戦に敗北し、台湾へ逃れる。東西冷戦が本格化するなかで、ドワイト・アイゼンハワー米政権は、中国が台湾を統一した場合に共産勢力がアジアで拡大すると懸念し、一九五四年に米華相互防衛条約を結んだ。この条約の第五条は、台湾が中国の侵攻を受けた場合、米国が介入すると宣言したもので、一九七九年の米中国交正常化まで中国に対する歯止めとなった。

各締約国は、西太平洋地域においていずれか一方の領域に対して行なわれる武力攻撃が自国の平和及び安全を危うくするものであることを認め、自国の憲法上の手続に従つて共通の危険に対処するように行動することを宣言する。
前記の武力攻撃及びその結果として執ったすべての措置は、直ちに国際連合安全保障理事会に報告しなければならない。その措置は、安全保障理事会が国際の平和及び安全を回復し及び維持するために必要な措置を執ったときは、終止しなければならない。

この条約は、米中国交正常化により一九八〇年に失効する。しかし米議会は台湾との同盟関係を保つために台湾関係法を制定した。現在、米政府はこの法律に基づき、正式な国交はないにもかかわらず台湾を国家と同等に扱い、兵器を供与している。台湾関係法の重要な条文（抜粋）をみてみよう。

第二条
A項　大統領が、一九七九年一月一日以前に中華民国として合衆国により承認されていた台湾の統治当局と合衆国との政府関係を停止したことに伴い、議会は以下のためにこの法律の実施を必要と考える。
B項　合衆国の政策は以下の通り。
(四)、平和手段以外によって台湾の将来を決定しようとする試みは、ボイコット、封鎖を含むいかなるものであれ、西太平洋地域の平和と安全に対する脅威であり、合衆国の重大関心事と考える。
(五)、防御的な性格の兵器を台湾に供給する。
(六)、台湾人民の安全または社会、経済の制度に危害を与えるいかなる武力行使または他の強制的な方式にも対抗しうる合衆国の能力を維持する。
第三条
C項　大統領は、台湾人民の安全や社会、経済制度に対するいかなる脅威ならびにこれによって米国の利益に対して引き起こされるいかなる危険についても、直ちに議会に通告するよう指示される。大統領と議会は、憲法の定める手続きに従い、この種のいかなる危険にも対抗するため、とるべき適切な行動を決定しなければならない。
これらの条文を読んでわかることは、米は台湾の防衛上の義務を負っているわけではないということだ。中国が侵攻したとしても、大統領と議会が憲法に従い適切な行動を決めねばならないと定めているに過ぎない。米合衆国憲法では宣戦は議会に権限があり、軍の指揮権は大統領にある。加盟国が攻撃されればNATOが攻撃を受けたと認め、武力行使も行うと定めたNATO憲章第五条に比べると弱い内容だとわかるだろうか。

米政府は以降、台湾に武器供与や防衛支援を行いながら、中国が台湾を侵攻した際にどう対応するかを明確にしない「あいまい戦略」を取ってきた。つまりどういう対応をとるのかは時の政権次第というわけだ。

†強まる米台の結びつき

この一〇年ほどの米政権の台湾政策をみてみよう。

オバマ政権は中国に配慮した政策をとることが多く、八年間の任期中、台湾関係法に基づいた武器売却も三回のみで、計一四〇億ドル相当と規模も抑えられた。トランプ政権は一転、中国への対抗姿勢から高官派遣などを通して台湾との関係を強化した。四年間でミサイルや無人機などの最新鋭兵器も含んだ一〇回以上の武器売却を行い、総額でも一七〇億ドルを超えて中国の強い反発を招いた。

現在のバイデン政権も中国を「重大な競争相手」であるとして対中強硬路線と台湾支援拡大を継続。二〇二一年八月には、政権発足後初の武器売却を実施し、二〇二二年二、四月にも地対空ミサイル「パトリオット」の関連装備の売却を行った。超党派の議員団や元政府高官も相次いで訪台した。二〇二二年四月にはナンシー・ペロシ下院議長がアジア訪問の一環として訪台を計画していると伝えられた（ペロシの新型コロナウイルス感染で延期）。

さらにバイデンは五月二三日、訪日時の岸田文雄首相との共同記者会見で、台湾で紛争が起きた場合、米国が防衛に関与するかどうかを問われ「イエス」と答えた。この発言に関し、ロイド・オースティン米国防長官はワシントンでの記者会見で米の台湾政策に変更はないと弁明したものの、バイデンが中国牽制のために意図的に踏み込んだ発言をしたことは否定できない。

ウクライナ侵攻後、米国内では台湾への支援を拡大すべきとの声が相次ぎ、中国にとって逆風が強まっているといえよう。中国自身もロシア軍の苦戦、国際批判の激しさ、欧米からの厳しい対ロ制裁をみてたじろいでいるとみられ、ただちに台湾統一に乗り出す可能性は低くなったとの見方が強い。しかしある日本の外交官は「中国にとっては台湾統一はゆるがせにできない目標。決してその旗を降ろすことはない」と指摘。ウクライナ侵攻の影響で短期的には可能性が低くなったとしても、中国が台湾統一をあきらめることはありえないと語った。

2　安保理は動けるか

†台湾は国連加盟国ではない

ロシアのウクライナ侵攻では、国連安全保障理事会はウクライナの要請でただちに緊急会合を開催した。決議案こそロシアの拒否権行使で否決されたとはいえ、協議の中でウクライナや欧米諸国がロシアの侵略行為を訴えることができたし、国連総会に議論を持ち込み、最終的にロシア非難決議を採択し、国際社会の懸念を伝えることができた。

では中国が台湾に侵攻したとき、安保理は動けるのだろうか。

台湾がウクライナのように安保理議長に緊急会合の開催を要請し、会合で直接中国を非難するのは難しいといわざるを得ない。台湾は国連の加盟国ではないからだ。

台湾（中華民国）は国連創設時の加盟国であり、常任理事国の一角を占めていた。一九四九年に中華人民共和国ができた後も、米の強い支持もあり、国連における台湾の代表権は維持された。しかし中国が英国やフランスなど主要国と相次いで国交を結ぶと、中国の代表権を認めるべきとの声がアジアや欧州諸国の間で強まった。一九七一年に中国の友好国だったアルバニアが国連総会に対し、中国の代表が国連における中国の唯一の合法的な代表だと認めるよう求めた決議案を提出。日米などは反対したが採択され、台湾は国連から追放された。

これ以降、国連では台湾は公式上は「CHINESE TAIPEI（中華台北）」とされ、中国の一地方の扱いとなっている。台湾が国でなく中国の地方であるとすれば、中国が侵攻しても国家間の紛争とは認められない。国連憲章には内政には不干渉の原則があるからだ。第二条七項をみたい。

第二条七項

この憲章のいかなる規定も、本質上いずれかの国の国内管轄権内にある事項に干渉する権限を国際連合に与えるものではなく、また、その事項をこの憲章に基く解決に付託することを加盟国に要求するものでもない。但し、この原則は、第七章に基く強制措置の適用を妨げるものではない。

中国は機会があればこの点を繰り返し強調しており、二〇二二年三月二四日には中国国防省の呉謙報道官が「ウクライナ侵攻で台湾有事への懸念が高まっているが」と問われ「台湾問題は純粋に中国の内政だ」と返答している。

†介入の可能性

それでは安保理はまったく手も足も出ないのだろうか。一九九八〜九九年のコソボ紛争の例をみたい。コソボは第二次世界大戦後に成立したユーゴスラビア連邦セルビア共和国内の一自治州だったが、アルバニア系住民が多かったことから独立問題がくすぶり続けた。ユーゴ連邦の崩壊を経て独立運動が激化し、一九九八年セルビア治安部隊と独立派武装組織の本格戦闘に発展した。

これが国際平和上の問題として安保理に持ち込まれた際、ユーゴ連邦のスロボダン・ミロシェビッチ大統領は「まったくの内政問題」と強く反発した。しかし安保理は、同年四月には対ユーゴの武器禁輸決議を、九月には即時停戦要求決議を採択した。この際、中国がコソボ紛争を内政問題だと主張し、国際社会による介入に反対しいずれも棄権票を投じたことは特記すべきだろう。

この例からみれば、台湾有事の際、日米などの要請で安保理の緊急会合を開くことは可能だろう。ただ中国があくまで内政問題だと主張し、拒否権を行使するのは確実だ。国連総会の「平和の結集会議」に持ち込み、決議の採択を目指しても、中国がG77やNAMの支持を背景に阻止する可能性は十分にある。国連はウクライナ侵攻のとき以上に動きが取れない状況に置かれそうだ。

†存在感薄れる台湾

現在、台湾にとって不利になっているのは、国際社会の中で台湾の存在感が次第に薄れていることだ。中国の圧力強化により外交関係を持つ国が減っているうえ、国際機関からも排除されており、中国の侵攻を受けても国際社会に不当性を訴える手段がなくなりつつある。

一九七〇年代には台湾と外交関係を持つ国は五〇以上あったが、各国が相次いで中国と国交を結んだことで、八〇年代には二十数ヵ国まで減ってしまった。九〇年代、積極的な外交を展開した李登輝政権時には約三〇ヵ国まで増えたが、その後、少しずつ減り、二〇一六年の蔡英文政権発足後は中国が台湾孤立を目指して台湾と国交のある国に外交関係破棄を働きかけたため、一四ヵ国まで減ってしまった。

外務省によると、二〇二二年四月現在、台湾と外交関係があるのは、ツバル、マーシャル諸島共和国、パラオ共和国、ナウル共和国、バチカン、グアテマラ、パラグアイ、ホンジュラス、ハイチ、ベリーズ、セントビンセント・グレナディーン、セントクリストファー・ネビス、セントルシア、アフリカのエスワティニのみだ。

国際機関についても、かつては主要な機関に加盟していたが、中国が国連の代表権を得たことにより脱退を余儀なくされ、現在は李登輝政権時の二〇〇二年に加盟した世界貿易機関（WTO）のみだ。しかも独立関税地域として「中華台北」名での加盟で、国としての参加とはいえない。さらに二〇一七年には、二〇〇九年からオブザーバー参加が認められていた世界保健機関（WHO）総会からも排除された。蔡英文政権が「一つの中国」原則に基づく一九九二年合意を認めなかったことへの報復で、台湾はオブザーバーとして出席できていた国連の専門機関、国際民間航空機関（ICAO）総会からも締め出された。

しかしこうした状況には変化も出ている。二〇二一年五月に東欧バルト三国のリトアニアが、中国と中東欧など一七カ国との協力枠組みからの離脱を宣言したのだ。巨大経済圏構想「一帯一路」を強引に進める中国が経済協力の約束を守らないばかりか、小国を軽視する言動が目立ったのが理由とされている。これに反発した中国は駐リトアニア中国大使を召還。一一月には台湾がリトアニア首都に台湾代表処(代表部に相当)を開設した。リトアニアと同様、チェコやスロベニアなどの中東欧諸国も中国と距離を置き、台湾に接近している。

また日米欧からは台湾の国際機関への参加を求める声も強まり出している。アントニー・ブリンケン米国務長官は二〇二一年一〇月二六日、台湾の国連専門機関などへの参加の支持を求める声明を発表した。WHOや国連気候変動枠組み条約などを念頭に「台湾排除は国連や関連機関の重要な機能を損なうものだ」と訴えた。年間数千万人の旅客が台湾の空港を利用しているにもかかわらず、ICAO総会に台湾が出席できないのは不公平だと指摘した。

中国はこうした動きを「絶対に受け入れない」と強く反発している。

3　巻き込まれる日本

†日米安全保障条約に基づく対応

台湾有事が起きた場合、日本が巻き込まれるのはどういうケースだろうか。二つのケースに分けて考えてみたい。

まずは台湾有事に絡み米軍が中国に攻撃された場合だ。米国は反撃に向け、在日米軍基地から部隊を出動させるために日米安全保障条約第六条に基づく事前協議を日本側に要請するとみられる。

第六条の条文は以下のとおりだ。

　第六条

日本国の安全に寄与し、並びに極東における国際の平和及び安全の維持に寄与するため、アメリカ合衆国は、その陸軍、空軍及び海軍が日本国において施設及び区域を使用することを許される。

前記の施設及び区域の使用並びに日本国における合衆国軍隊の地位は、一九五二年二月二八日に東京で署名された日本国とアメリカ合衆国との間の安全保障条約第三条に基く行政協定（改正を含む。）に代わる別個の協定及び合意される他の取極により規律される。


米が要請した場合、日本は応じる可能性が高い。こうした事態に備え、安倍政権は二〇一四〜一五年にかけて安全保障関連法の整備を進めていたのだ。まず、二〇一四年七月に従来の憲法解釈では禁じられていた集団的自衛権行使の容認を決定。さらに二〇一五年九月に安全保障関連法を成立させた。戦時でなくとも他国の艦艇や航空機を自衛隊が守れるようになった。米国が攻撃を受けて日本の存立が脅かされれば、条件付きながら集団的自衛権が行使できるようになる。日本の安全に重要な影響を与える重要影響事態が認定されれば自衛隊は米軍の後方支援が可能となる。

二〇二一年六月三〇日に英紙『フィナンシャル・タイムズ』が自衛隊と米軍が台湾有事

を想定した共同訓練を行っていると伝えた。東シナ海や南シナ海で実施された訓練の一部だといい、同紙によると、米軍と自衛隊の当局者は、トランプ政権末期から台湾有事を想定した対応の本格的な検討を始めたという。同年一二月一日に安倍晋三元首相が台湾のシンクタンクの招きに応じてオンラインで講演し、「台湾有事は日本有事であり、日米同盟の有事でもある」と述べたのはこうした背景があってのことだ。

日本政府は台湾有事を想定し、自衛隊を活動させるための法運用の検討に入っているとも伝えられる。

†米国は尖閣を守ってくれるのか

次は、中国が台湾進攻と前後して南西諸島の制圧に乗り出すケースだ。

この場合、日本は否応なく巻き込まれることになるが、対処が難しいのは中国が尖閣諸島に侵攻したときだ。尖閣諸島は沖縄本島の西約四〇〇キロの東シナ海上の無人島群だが、中国との間で領有権問題を抱えているからだ。与那国島からわずか一五〇キロに位置するが、台湾からは一七〇キロ、中国大陸までも約三三〇キロで、有事の際、中国は米軍の拠点となることを恐れて進出してくる可能性が高い。

尖閣諸島は一八九五年に日本の領土に編入されたが、周辺海域に資源埋蔵の可能性が指摘された後の一九七〇年代から中国が領有権を主張。日本は二〇一二年九月、尖閣諸島のうち魚釣島など三島を国有化した。中国は強く反発し、中国海警局の船などが周辺海域にたびたび出現して領海侵入を繰り返し、海上保安庁などとの間で緊張状態が続いている。ちなみに台湾も尖閣諸島の領有権を主張している。中国が日本の実効支配を終わらせる好機とみて一気に侵攻してくる可能性もあるだろう。

中国軍が侵攻してきた場合、日本は自衛隊を出動させることになるが、問題は米国が日米安全保障条約第五条に基づき出動するかどうかだ。

ここで第五条の条文を見たい。

第五条

各締約国は、日本国の施政の下にある領域における、いずれか一方に対する武力攻撃が、自国の平和及び安全を危うくするものであることを認め、自国の憲法上の規定及び手続に従つて共通の危険に対処するように行動することを宣言する。

前記の武力攻撃及びその結果として執つたすべての措置は、国際連合憲章第五一条の規定に従って直ちに国際連合安全保障理事会に報告しなければならない。その措置は、安全保障理事会が国際の平和及び安全を回復し及び維持するために必要な措置を執ったときは、終止しなければならない。

NATO憲章第五条よりは漠然としたものであることがわかるだろう。米華相互防衛条約の条文と似ている。米国の防衛義務を明確に定めているわけでもないし、自国の憲法に従ってという制限付きだ。

さらに米国は尖閣の領有権に関しては、日中台の対立を背景に「当事者間で解決すべき問題」とし、中立政策を維持している。このため日本政府は米で政権が変わるたびに尖閣諸島は日米安保条約第五条の適用範囲内にあるとの言質を引き出して、中国への牽制としてきた。直近では、二〇二二年五月二二〜二四日のバイデン訪日の際に日米首脳が発表した共同声明で、日米安保条約第五条の尖閣諸島への適用が改めて確認された。しかし共同声明に履行の義務はない。さらにいうならば、バイデンが約束したのは「条約の適用」であり、「防衛義務」ではない。米国には尖閣諸島を守る義務はないのだ。

孫崎享は『日本の国境問題——尖閣・竹島・北方領土』（ちくま新書）の中で、一九九三

〜九六年まで駐日大使を務めたウォルター・モンデールが職を退いた背景には、米国は尖閣諸島の領有問題にいずれの側にもつかず、米軍は日米安保条約によって介入を強制されるものではないとの発言があったと指摘している。モンデールはジミー・カーター政権で副大統領を務めた民主党の大物政治家だ。孫崎はモンデールの発言が米国にとって実は自明であるものの、日本国民に知られてはいけないことだったため事実上の辞任に追い込まれたと推測している。

つまり、台湾有事の際に米軍は出動せず、南西諸島への侵攻があれば日本が単独で戦わざるを得ない場合もありえるのだ。

†中国が台頭する時代の集団安全保障

ロシアのウクライナ侵攻後、日本では、米国との核共有を検討すべきとの議論や、防衛費の増額を求める意見が高まっている。核共有については第四章で実現可能性がほとんどないと述べた。今後、防衛費がNATO諸国並みに国内総生産(GDP)の二%程度まで増額され、自衛隊の戦力が強化されていくことになるだろうが、極端な軍備増強は中韓やアジア諸国から反発を受け、アジアで軍拡競争を起こす懸念もあり、あまり望ましい選択肢とは思えない。

筆者が検討すべきだと考えるのは、米国やアジア諸国を巻き込んだ形での新たな集団安全保障体制の構築だ。国連が元来、集団安全保障体制を目指した国際機構であることは何度も言及してきた。ＮＡＴＯ憲章や日米安保条約がいずれも国連の集団安全保障を前提に制定されたことは、条文に安保理への報告義務が明記してあることからもわかるだろう。

冷戦時代に結ばれた日米安保条約がやや時代遅れであることに、異議を唱える人はいないだろう。インド太平洋地域における中国の台頭に合わせた集団安全保障の枠組みが必要になっている。たとえば中国をにらんだ米国のインド太平洋戦略の一部で、民主主義や法の支配といった価値観を共有する、日米とオーストラリア、インドによる協力枠組み「クアッド」をベースにすることはどうだろうか。米側は中国への刺激を避けるため「集団安全保障創設をにらんだものではない」と言っているが、インド太平洋地域には有効な集団安全保障体制はなく、米国はすでに英豪と安全保障協力の枠組み「オーカス」も創設している。

今こそ中ロをにらんだ形で、アジア太平洋にも新たな集団安全保障体制を創るべき時期が来ているのではないだろうか。

あとがき

ちくま新書編集部の藤岡美玲さんから「ロシアのウクライナ侵攻と国連安保理について書いてもらえませんか」と話をいただいたのは侵攻から一週間ほど経ったころだった。当時は連日、バタバタしており、できるかどうか心もとなかったが、通信社で長年、国際ニュースをやってきたのにまさかロシアが本当に攻め込むとは思わず、忸怩たる思いもあったし、ニューヨークやジュネーブで特派員をやって国連やマルチ（多国間）外交を専門にしてきた身としては、これが世界秩序を崩壊させかねない出来事であることはよくわかっていた。プーチン大統領が侵攻の張本人であり、多くの「戦争犯罪」に責任があることはいうまでもないとはいえ、プーチンを悪者とするだけの見方ではことの本質は見えない。普段国際政治に縁のない人の理解に役立ち、議論のきっかけになるものが書ければ記者としてこれに勝る喜びはないと考えた。

引き受けてはみたものの、基本的に新聞原稿しか書いたことがなく、なかなか大変だった。藤岡さんの適切な助言や編集がなければとてもまとまったものにはならなかっただろう。心より感謝したい。執筆にあたっては主要参考文献に挙げた資料のほか、長年に渡る共同通信の関係記事も参照した。先輩・同僚諸氏に感謝する。第一章や第六章の一部については日本大学松戸歯学部の二〇二一～二二年度の講義「世界を考える」「日本を考える」で話させてもらった内容がヒントになっている。非常勤講師として講義をする機会を与えてくださった小方頼昌学部長並びに長年の友人である渡邊徳明准教授にもお礼を申し上げたい。

また、本書の内容は共同通信の見解とは関係なく、一切の文責は筆者にあることを強調しておきたい。

なお、本文中の人名・地名表記などは『世界年鑑　2022』（共同通信社）に依拠した。人名の肩書はいずれも当時のものであり、敬称を省略した。米ドルなどの外国通貨で表記されているものには二〇二二年五月末時点の円換算額を併記した。

安保理は単純そうで複雑な組織である。国連による集団安全保障の概念や、安保理の強制行動の考え方、五常任理事国（P５）が拒否権を持つ理由などを本書でうまく説明できたかどうかはわからない。関係各位からぜひご批判をいただければと思う。

俗な言葉でいえば、第二次世界大戦後の世界を仕切ってきたのは安保理のP５である。その権力を担保してきたのが核兵器だ。核廃絶が進まない理由は簡単で、P５が国際安全保障を理由に手放さないからだ。しかしその国際安全保障というのはP５を軸に成り立っているわけだから、何をかいわんやである。自分たちで（真摯な話し合いもせずに）危機をつくりだして、それを理由に核を抱え込んでいるわけだ。

そのレトリックに気がついた中小国が、核兵器の非人道性を強調することで生み出したのが核兵器禁止条約だ。被爆国、日本は今後、大国の安保の論理をとるか、人道・人権を旗印に中小国と連帯するか、正念場に立っていると思う。日米同盟一辺倒ではいかに危険かということは本書で説明したとおりだ。

ウクライナ侵攻でむき出しの暴力がさらけだされ、今後、人道・人権尊重の重要性がますます高まってくるだろう。深く傷ついた国連の再生のきっかけはここにあると確信しているが、今はウクライナでの一日も早い停戦と平和の回復を念願するばかりだ。

二〇二二年五月

小林義久

主要参考文献

第一章
多谷千香子『戦争犯罪と法』岩波書店、二〇〇六年

第二章
加藤俊作『国際連合成立史――国連はどのようにしてつくられたか』有信堂、二〇〇〇年
最上敏樹『国際機構論講義』岩波書店、二〇一六年
植木安弘『国際連合――その役割と機能』日本評論社、二〇一八年
ジョン・J・ミアシャイマー『大国政治の悲劇』五月書房新社、二〇一九年（新装完全版）

第三章
猪木武徳『戦後世界経済史――自由と平等の視点から』中公新書、二〇〇九年
中川淳司『WTO――貿易自由化を超えて』岩波新書、二〇一三年
佐橋亮『米中対立――アメリカの戦略転換と分断される世界』中公新書、二〇二一年
丸川知雄『現代中国経済』有斐閣、二〇二一年（新版）
Mohamed ElBaradei "The age of Deception", Picador, 2011
Hans Blix "Disarming Iraq", Bloomsbury, 2004

小泉悠『現代ロシアの軍事戦略』ちくま新書、二〇二一年

第四章
川崎哲『核兵器 禁止から廃絶へ』岩波ブックレット、二〇二一年
孫崎享『戦後史の正体――1945-2012』創元社、二〇一二年

第五章
篠原初枝『国際連盟――世界平和への夢と挫折』中公新書、二〇一〇年
明石康『国際連合――軌跡と展望』岩波新書、二〇〇六年（改訂版）

第六章
清水克彦『台湾有事――米中衝突というリスク』平凡社新書、二〇二一年
孫崎享『日本の国境問題――尖閣・竹島・北方領土』ちくま新書、二〇一一年

共同通信の配信記事のほか、AP、ロイター、DPA、タス（英文）、新華社（同）、CNN、BBC、ワシントン・ポスト、ドイチェ・ウェレなどの記事を参照した。UN Newsや各国連機関、各国政府、EUなどのホームページも利用した。

国連憲章の日本語訳は国際連合広報センターから、米華相互防衛条約、台湾関係法の日本語訳

は政策研究大学院大学・東京大学東洋文化研究所データベース「世界と日本」（代表：田中明彦）から引用させていただいた。関係者の方にお礼を申し上げたい。

ちくま新書
1664

国連安保理《こくれんあんぽり》とウクライナ侵攻《しんこう》

二〇二二年七月一〇日　第一刷発行

著者　小林義久（こばやし・よしひさ）
発行者　喜入冬子
発行所　株式会社　筑摩書房
東京都台東区蔵前二-五-三　郵便番号一一一-八七五五
電話番号〇三-五六八七-二六〇一（代表）
装幀者　間村俊一
印刷・製本　株式会社　精興社

ISBN978-4-480-07491-1 C0231

1572
現代ロシアの軍事戦略
小泉悠
冷戦後、弱小国となったロシアはなぜ世界的な大国であり続けられるのか。メディアでも活躍する異能の研究者が戦争の最前線を読み解き、未来の世界情勢を占う。

1559
ポスト社会主義の政治
——ポーランド、リトアニア、アルメニア、ウクライナ、モルドヴァの準大統領制
松里公孝
地政学的対立とポピュリズムに翻弄された激動の30年を、大統領・議会・首相の関係から読み解く。時に暴力を伴う政治体制の変更は、なぜ繰り返されるのか。

1550
ヨーロッパ冷戦史
山本健
ヨーロッパはなぜ東西陣営に分断され、緊張緩和の後は一挙に統合へと向かったのか。経済、軍事的側面にも注目しつつ、最新研究に基づき国際政治力学を分析する。

1601
北方領土交渉史
鈴木美勝
「固有の領土」はまた遠ざかってしまった。歴代総理や官僚たちが挑み続け、ゆっくりであっても前進していた交渉が、安倍外交の大誤算で後退してしまった内幕。

1587
ミャンマー政変
——クーデターの深層を探る
北川成史
二〇二一年二月、ミャンマー国軍がアウンサンスーチー国家顧問らを拘束した。現地取材をもとに、この政変の背景にある国軍、民主派、少数民族の因縁を解明かす。

905
日本の国境問題
——尖閣・竹島・北方領土
孫崎享
どうしたら、尖閣諸島を守れるか。竹島や北方領土は取り戻せるのか。平和国家・日本の国益に適った安全保障とは何か。国防のための国家戦略が、いまこそ必要だ。

1518
メディアが動かすアメリカ
——民主政治とジャーナリズム
渡辺将人
メディアは政治をいかに動かし、また動かされてきたのか。アメリカのテレビと選挙の現場を知り尽くした著者が解き明かす、超大国アメリカの知られざる姿。

ちくま新書

1033
平和構築入門
――その思想と方法を問いなおす
篠田英朗
平和はいかにしてつくられるものなのか。武力介入や犯罪処罰、開発援助、人命救助など、その実際的手法と背景にある思想をわかりやすく解説する、必読の入門書。

1236
日本の戦略外交
鈴木美勝
外交取材のエキスパートが読む世界史ゲームのいま。「歴史」の和解と打算、機略縦横の駆け引き、舞台裏で支えるキーマンの素顔……。戦略的リアリズムとは何か！

1240
あやつられる難民
――政府、国連、NGOのはざまで
米川正子
いま世界の難民は国連と各国政府、人道支援団体の間で翻弄されている。難民本位の支援はなぜ実現しないのか。アフリカ現地での支援経験を踏まえ、批判的に報告する。

1258
現代中国入門
光田剛編
あまりにも変化が速い現代中国。その実像を政治史、文化、思想、社会、軍事等の専門家がわかりやすく解説。歴史から最新情勢までバランスよく理解できる入門書。

1327
欧州ポピュリズム
――EU分断は避けられるか
庄司克宏
反移民、反グローバル化、反エリート、反リベラルが世界を席巻！　EUがポピュリズム危機に揺れる理由は、その統治機構と政策にあった。欧州政治の今がわかる！

1477
EU離脱
――イギリスとヨーロッパの地殻変動
鶴岡路人
ついに離脱を現実のものとしたイギリスが失うものとはなにか？　一枚岩になれないEUはどうなるのか？　なお問題山積のヨーロッパの現在を最も正確に論じる。

1193
移民大国アメリカ
西山隆行
止まるところを知らない中南米移民。その増加への不満がいかに米国社会を蝕みつつあるのか。米国の移民問題の全容を解明し、日本に与える示唆を多角的に分析する。

ちくま新書

1514
中東政治入門
末近浩太
パレスチナ問題、「アラブの春」、シリア内戦、「イスラーム国」、石油依存経済、米露の介入……中東が抱える複雑な問題を「理解」するために必読の決定版入門書。

1638
北朝鮮外交回顧録
山本栄二
拉致被害者の帰国はいかにして実現したのか。一九九〇年の金丸訪朝から二〇〇二年、〇四年の二度の小泉訪朝までの北朝鮮外交に従事した外交官による回想録。

1277
消費大陸アジア
――巨大市場を読みとく
川端基夫
中国、台湾、タイ、インドネシア……いま盛り上がるアジア各国の市場や消費者の特徴・ポイントを豊富な実例で解説する。成功する商品・企業は何が違うのか？

1332
ヨーロッパで勝つ！ ビジネス成功術
――日本人の知らない新常識
塚谷泰生
EPA合意でヨーロッパビジネスの大チャンスがやってきた。日本製品は交渉術を身につければ必ず売れる。経験豊富な元商社マンが伝授する、ビジネス成功の極意。

1431
習近平の中国経済
――富強と効率と公正のトリレンマ
石原享一
対米貿易戦争と成長鈍化で中国経済は重大な転機を迎えている。なぜ改革は行き詰まっているのか。中国は凋落していくのか。中国経済の矛盾を見つめ今後を展望する。

1443
ドル化とは何か
――日本で米ドルが使われる日
土田陽介
財政破綻に陥った新興国で進む「ドル化」。自国通貨と共に外国通貨を利用するこの現象を通じて、通貨危機の足音が着実に忍び寄る日本経済の現状を分析する。

1504
アフリカ経済の真実
――資源開発と紛争の論理
吉田敦
豊富な資源があっても、大規模開発があっても、人々は貧しいまま。それはなぜなのか？ 日本では知られていないアフリカ諸国の現状を解説し、背景を分析する。

ちくま新書

1510 ドキュメント 感染症利権 ――医療を蝕む闇の構造 山岡淳一郎
何が救命を阻むのか。情報の隠蔽、政官財学の癒着、学閥、731部隊人脈、薬の特許争い……新型コロナ禍をはじめ危機下にも蠢き医療を蝕む、邪悪な構造を暴く。

1532 医者は患者の何をみているか ――プロ診断医の思考 國松淳和
プロ診断医は全体をみながら細部をみて、病気の起きている理屈を考え、自在に思考を巡らせている。病態把握のために「みえないものをみる」、究極の診断とは？

1333-1 持続可能な医療 ――超高齢化時代の科学・公共性・死生観 【シリーズ ケアを考える】 広井良典
高齢化の進展にともない増加する医療費を、将来世代にこれ以上ツケ回しすべきではない。人口減少日本の最重要課題に挑むため、医療をひろく公共的に問いなおす。

1333-2 医療ケアを問いなおす ――患者をトータルにみることの現象学 【シリーズ ケアを考える】 榊原哲也
そもそも病いを患うとは、病いを患う人をケアするとはどういうことなのか。患者と向き合い寄り添うために、現象学という哲学の視点から医療ケアを問いなおす。

1333-3 社会保障入門 【シリーズ ケアを考える】 伊藤周平
年金、医療、介護。複雑でわかりにくいのに、この先も不透明。そんな不安を解消すべく、ざっくりとその仕組みを教えます。さらには、労災・生活保障の解説あり。

1333-4 薬物依存症 【シリーズ ケアを考える】 松本俊彦
さまざまな先入観をもって語られてきた「薬物依存症」。第一人者が、その誤解をとき、よりよい治療・回復支援方法を紹介。医療や社会のあるべき姿をも考察する一冊。

1333-6 長寿時代の医療・ケア ――エンドオブライフの論理と倫理 【シリーズ ケアを考える】 会田薫子
超高齢化社会におけるケアの役割とは？ 介護現場を丹念に調査し、医者、家族、患者の苦悩をすくいあげ、人生の最終段階における医療のあり方を示す。

ちくま新書

1208
長生きしても報われない社会
——在宅医療・介護の真実
山岡淳一郎
長期介護の苦痛、看取りの場の不在、増え続ける認知症……。多死時代を迎える日本において、経済を優先して人間をないがしろにする医療と介護に未来はあるのか？

1261
医療者が語る答えなき世界
——「いのちの守り人」の人類学
磯野真穂
医療現場にはお堅いイメージがある。しかし実際はあいまいで豊かな世界が広がっている。フィールドワークによって明らかにされる医療者の胸の内を見てみよう。

998
医療幻想
——「思い込み」が患者を殺す
久坂部羊
点滴は血を薄めるだけ、消毒は傷の治りを遅くする、抗がん剤ではがんは治らない……。日本医療を覆う、根拠のない幻想の実態に迫る！

1025
医療大転換
——日本のプライマリ・ケア革命
葛西龍樹
無駄な投薬や検査、患者のたらい回しなどのシステム不全を解決する鍵はプライマリ・ケアにある。家庭医という「あなた専門の医者」が日本の医療に革命を起こす。

1155
医療政策を問いなおす
——国民皆保険の将来
島崎謙治
地域包括ケア、地域医療構想、診療報酬改定。２０１８年に大転機をむかえる日本の医療の背景と動向を精細に分析し、医療政策のあるべき方向性を明快に示す。

569
無思想の発見
養老孟司
日本人はなぜ無思想なのか。それはつまり、「ゼロ」のようなものではないか。「無思想の思想」を手がかりに、日本が抱える諸問題を論じ、閉塞した現代に風穴を開ける。

1506
死の病いと生の哲学
船木亨
人は死への恐怖に直面して初めて根源的に懐疑するようになる。哲学者が自らガンを患った経験を通じて、生と死、人間存在や社会のあり方について深く問いなおす。

ちくま新書

565
使える！　確率的思考
小島寛之
この世は半歩先さえ不確かだ。上手に生きるには、可能性を見積もり適切な行動を選択する力が欠かせない。確率のテクニックを駆使して賢く判断する思考法を伝授！

832
わかりやすいはわかりにくい？
——臨床哲学講座
鷲田清一
人はなぜわかりやすい論理に流され、思い通りにゆかず苛立つのか——常識とは異なる角度から哲学的に物事を見る方法をレッスンし、自らの言葉で考える力を養う。

1006
高校生からの経済データ入門
吉本佳生
データの収集、蓄積、作成、分析。数字で考える「頭」は、情報技術では絶対に買えません。高校生でも、そして大人でも、分析の技法を基礎の基礎から学べます。

1231
科学報道の真相
——ジャーナリズムとマスメディア共同体
瀬川至朗
なぜ科学ジャーナリズムで失敗が起こり、読者の不信感を引き起こすのか？　原発事故・STAP細胞・地球温暖化など歴史的事例から、問題発生の構造を徹底検証。

1526
統計で考える働き方の未来
坂本貴志
労働の実態、高齢化や格差など日本社会の現状、賃金や社会保障制度の変遷などを多くの統計をもとに分析し、そこから未来を予測。高齢者の働き方を考える。

1582
バイアスとは何か
藤田政博
事実や自己、他者をゆがんだかたちで認知する現象、バイアス。それはなぜ起こるのか？　日常のさまざまな場面で生じるバイアスを紹介し、その緩和策を提示する。

1437
ネットで勝つ情報リテラシー
——あの人はなぜ騙されないのか
小木曽健
ネット空間は怖くない！　フェイクを見破り、炎上を防ぎ、あなたの声を正しく届ける技術、教えます。「ネットで勝ち抜く」大人のための情報リテラシー入門書。

ちくま新書

1610
金融化の世界史
——大衆消費社会からＧＡＦＡの時代へ
玉木俊明
近世から現在までの欧米の歴史を見なおし、ＧＡＦＡが君臨し、タックスヘイヴンが隆盛する「金融化社会」に至った道のりと、所得格差拡大について考える。

1019
近代中国史
岡本隆司
中国とは何か？　その原理を解く鍵は、近代史に隠されている。グローバル経済の奔流が渦巻きはじめた時代から、激動の歴史を構造的にとらえなおす。

1147
ヨーロッパ覇権史
玉木俊明
オランダ、ポルトガル、イギリスなど近代ヨーロッパ諸国の台頭は、世界を一変させた。本書は、軍事革命、大西洋貿易、アジア進出など、その拡大の歴史を追う。

1335
ヨーロッパ　繁栄の19世紀史
——消費社会・植民地・グローバリゼーション
玉木俊明
第一次世界大戦前のヨーロッパは、イギリスを中心に空前の繁栄を誇っていた。奴隷制、産業革命、蒸気船や電信の発達……その栄華の裏にあるメカニズムに迫る。

1377
ヨーロッパ近代史
君塚直隆
なぜヨーロッパは世界を席巻することができたのか。「宗教と科学の相剋」という視点から、ルネサンスに始まり第一次世界大戦に終わる激動の五〇〇年を一望する。

1400
ヨーロッパ現代史
松尾秀哉
第二次大戦後の和解の時代が終焉し、大国の時代が復活し、危機にあるヨーロッパ。その現代史の全貌を、国際関係のみならず各国の内政との関わりからも描き出す。

1459X
世界哲学史　全8巻＋別巻セット
現代を代表する総勢115名の叡智が大集結。古今東西の哲学について各々が思考する、圧巻の論考集。初学者から極める者まで、これを読まずして哲学は語れない。